职业技能鉴定指导

餐厅服务员

（初级　中级　高级）

劳动和社会保障部教材办公室组织编写

中国劳动社会保障出版社

图书在版编目(CIP)数据

餐厅服务员：初级、中级、高级/劳动和社会保障部教材办公室组织编写. —北京：中国劳动社会保障出版社，2002

职业技能鉴定指导

ISBN 7-5045-3832-9

Ⅰ. 餐… Ⅱ. 劳… Ⅲ. 饮食业-服务人员-职业技能鉴定-自学参考资料 Ⅳ. F719.3

中国版本图书馆 CIP 数据核字(2002)第 104874 号

中国劳动社会保障出版社出版发行

（北京市惠新东街 1 号 邮政编码：100029）

出 版 人：张梦欣

*

新华书店经销

北京地质印刷厂印刷 三河市华东印刷装订厂装订

787 毫米×1092 毫米 16 开本 5.25 印张 126 千字

2003 年 5 月第 1 版 2012 年 3 月第 12 次印刷

定价：7.50 元

读者服务部电话：010-64929211/64921644/84643933

发行部电话：010-64961894

出版社网址：http://www.class.com.cn

前　言

职业资格证书制度是国家提高劳动者素质、增强劳动者就业能力的一项重要举措。为在餐厅服务从业人员中推行职业资格证书制度，劳动和社会保障部颁布了餐厅服务员的《国家职业标准》（以下简称《标准》）。以贯彻《标准》、服务培训、规范技能鉴定为目标，劳动和社会保障部中国就业培训技术指导中心按照标准—教材—题库相衔接的原则，根据《标准》的要求，组织编写了专用于国家职业技能鉴定培训的餐厅服务员的《国家职业资格培训教程》（以下简称《教程》）。

作为职业技能鉴定的指定辅导用书，《教程》的出版引起了社会有关方面的广泛关注，特别受到职业培训机构和应试人员的重视。为了进一步满足培训单位和应试人员的需求，劳动和社会保障部教材办公室、中国劳动社会保障出版社依据《标准》和《教程》内容组织参与《标准》制定、《教程》编写的有关专家编写了《职业技能鉴定指导——餐厅服务员（初级　中级　高级）》（以下简称《指导》）作为该职业《教程》的配套用书，推荐使用。《指导》遵循“考什么编什么”的原则，通过对《教程》内容的细化和完善，力求达到联系培训与考核，为培训教学提供训练素材，为应试者提供检验标准的目的。依据《教程》的内容，《指导》按照基础知识、初级、中级、高级四部分设置了学习要点、知识试题、技能试题及参考答案等内容，并配有知识考核模拟试卷，以方便应试者了解鉴定的形式和难度要求。

《职业技能鉴定指导——餐厅服务员（初级　中级　高级）》由曾凤茹、杨德才、李秀玲、沈群、李纯、宋秀芝、刘跃、熊久香编写，曾凤茹主编。编写《指导》有相当的难度，是一项探索性工作。由于时间仓促，缺乏经验，不足之处在所难免，恳切欢迎各使用单位和个人提出宝贵意见和建议。

劳动和社会保障部教材办公室

目　录

第一部分　餐厅服务员基础知识

第二部分　初级餐厅服务员

第三部分　中级餐厅服务员

第四部分　高级餐厅服务员

第一部分　餐厅服务员基础知识

一、学 习 要 点

工作内容	学习要点	重要程度
职业道德	1. 道德的含义	掌握
	2. 社会主义道德建设的基本要求	熟知
	3. 职业道德的概念	掌握
	4. 社会主义职业道德的重要性	了解
	5. 餐厅服务员职业道德的内容	熟知
饮食佚生知识	1. 食品卫生基础知识	了解
	2. 食品卫生质量的鉴别方法	掌握
	3. 预防食物污染、食物中毒和有关传染病	熟知
	4. 饮食业食品卫生制度	掌握
	5.《食品卫生法》	了解
礼节礼貌	1. 礼节礼貌基础知识	了解
	2. 礼节礼貌在服务工作中的重要性	掌握
	3. 服务中礼节礼貌的基本要求	熟知
	4. 仪表仪容	掌握
	5. 淡妆上岗	掌握
饮食风俗	1. 中华饮食文化习俗	了解
	2. 我国兄弟民族饮食文化习俗	掌握
	3. 主要客源国饮食文化习俗	掌握
	4. 主要节日饮食文化习俗	熟知
	5. 我国各个地区的主要特产	了解
服务安全知识	1. 安全用电、用火	掌握
	2. 正确处理意外事故	了解
	3. 人身安全	掌握
	4. 财产安全	了解
	5. 服务环境安全	掌握

二、知识试题

（一）**判断题** 下列判断正确的请打“√”，错误的请打“×”。

1．道德是指人的行为应遵循的原则和标准。（ ）

2．道德是一定社会、一定阶级向人们提出的处理个人和个人、个人和社会之间各种关系的一种特殊的行为规范。（ ）

3．道德与法律不同，它依据社会舆论、传统文化和生活习惯来判断一个人的品质。（ ）

4．道德不是由专门机构制定，而主要是依靠人们自觉的内心观念来维持的。（ ）

5．大家公认的不道德言行，或者有悖于传统习惯和公众舆论的坏事，都可以用法律、法规来解决。（ ）

6．法律、法规的作用范围是有限的，而道德的力量却能管到法律管不到的地方。（ ）

7．不侵犯他人、集体和社会的利益，是对每一个公民包括餐饮从业人员的最基本的道德要求。（ ）

8．不同的社会制度存在着不同的道德标准，不同的道德标准为共同的社会经济基础服务。（ ）

9．在社会主义社会里，道德建设的基本要求是：爱祖国、爱人民、爱劳动、爱科学、爱社会主义。（ ）

10．职业道德是指从事一定职业的人在工作和劳动过程中应遵循的与其职业活动紧密联系的道德原则和规范的总和。（ ）

11．职业道德不仅调节本行业与社会其他行业的关系，也调节行业内部人员相互之间的利益关系。（ ）

12．职业道德覆盖面最广，影响力最大，对人的道德素质形成有决定性作用。（ ）

13．职业道德在范围上覆盖了一部分从事职业活动的人们。（ ）

14．加强职业技能培训是提高服务质量、改善服务态度的核心。（ ）

15．搞好职业道德建设对促进精神文明建设具有无法替代的积极作用。（ ）

16．社会主义职业道德的核心就是为经济发展服务。（ ）

17．市场竞争机制要求高质量的产品和优良服务，并接受市场检验。（ ）

18．“君子爱财，取之有道”，这句古训在今天仍可以说是良好的职业道德。（ ）

19．个人利益的获取，不应建立在为他人和社会服务的基础上。（ ）

20．讲职业道德是完全的无偿奉献，对餐厅服务员来说，也就是不讲价钱为他人服务好。（ ）

21．团结协作是指同事之间互相支持、相互补充，不能只图自己方便，把困难留给他人。（ ）

22．在现代企业质量管理体系中，产品质量体现在每一个岗位的每一个环节上面。（　）

23．违法、违规和不遵守纪律的人和事都是不道德的。（　）

24．违反纪律既是违法行为，也是不道德行为。（　）

25．在社会主义社会里，为人民服务的人生观、做贡献的价值观，是衡量一个人有无道德的重要标准。（　）

26．服务人员的自我牺牲精神越强，消费者获得的精神享受和物质利益就越大，给企业带来的效益也就越好。（　）

27．在食品卫生中，食品无毒无害是首要的。（　）

28．食品只要符合营养要求，即使色、香、味、形差一点，在感官性状上也不会给人以不良感觉。（　）

29．食品卫生标准、卫生管理办法和企业卫生规范等技术性法规应尽量采用《食品卫生法》的标准。（　）

30．如果使用不符合卫生要求的包装材料和运输工具，就会造成食品与化学物质接触，引起食品化学污染。（　）

31．近年来癌症发病率逐年上升，主要的原因之一就是食品的化学污染问题日益严重。（　）

32．食物中某些污染物能引起生物体细胞的遗传信息和遗传物质发生突然改变，这种现象称为急性危害。（　）

33．环境卫生质量的好坏对食品卫生质量有着间接的影响。（　）

34．消毒是用物理和化学的方法消除环境中的病原微生物或有毒物质的技术。（　）

35．灭菌是杀灭物体中所有微生物的技术。（　）

36．消毒灭菌应不影响食品质量，不损坏工具设备，不构成对人体健康的威胁。（　）

37．红外线灭菌适用于对食品超净车间、冷菜间和饮用水消毒。（　）

38．化学消毒剂虽然杀菌效果可靠、性质稳定，且价格低，但对人的危害较大。（　）

39．细菌总数、大肠菌群和致病菌三项指标是评价食品卫生质量优劣及对人体健康危害程度的重要指标。（　）

40．评价食品卫生质量的惟一依据是食品卫生标准。（　）

41．食品鉴别可通过感官检查、实验室检查以及特殊方法来进行。（　）

42．有毒有害物质进入食品后对人体健康构成威胁，称为食品污染。（　）

43．食品制售可以在室内或室外进行，食品应遮盖，防止积尘。（　）

44．食品采购者不得采购腐烂、霉变、有异味、生虫、污染不洁或《食品卫生法》第九条所规定的禁止经营的食品。（　）

45．有外包装的熟食不准存入熟食库。（　）

46．生鱼、肉类库长期保存鱼、肉类时，冷藏的温度要在－18℃以下。（　）

47．食品添加剂应尽可能少用或者不用。（　）

48．用食用油煎炸食品，经多次使用后油的颜色会变深，但仍可以继续使用。（　）

49．食品从业人员应每年进行一次健康检查。（　）

50．食品广告应报卫生行政部门审查，审查通过后方可发布。（　）

51．食品生产经营人员必须定期接受健康检查和食品卫生知识培训。（ ）

52．食品生产经营者有权要求卫生行政部门对其索取的技术资料予以保密。（ ）

53．礼节是人们在交往时，表示尊敬的惯用形式。（ ）

54．现代人握手，除表示友好、亲近外，还表示见面时的寒暄和告别时的道别以及对他人的感谢或祝贺等。（ ）

55．礼貌是人们在相互交往中，通过语言、表情、行为、态度表示相互尊重和友好的言行规范。（ ）

56．礼貌行动是一种有声的语言，如微笑、点头、握手、鼓掌等。（ ）

57．礼貌语言是一种有声的行动，如使用“您”“请”“欢迎光临”等敬语。（ ）

58．“礼”表示人们在交往中相互表示敬重和友好，其本质是尊敬人。（ ）

59．礼貌是表示尊重的形式要求，礼节是表示尊重的言行规范。（ ）

60．讲究礼节礼貌，对一个国家来说是经济发达程度的象征。（ ）

61．讲究礼节礼貌是衡量人们修养程度、道德标准的尺度之一。（ ）

62．礼节礼貌是社会公德的一部分，是思想道德与职业道德的基础。（ ）

63．一个餐厅社会声誉的高低，很大程度上取决于其是否有文明礼貌的服务态度。（ ）

64．站姿的基本要求是上身正直，头正目平，面带微笑。（ ）

65．真诚的微笑是优质服务的重要标志，它可以提高企业信誉，从而提高企业的经济效益和社会效益。（ ）

66．无论是有声语言还是无声语言都是信息的载体，离开语言，服务就成了一句空话。（ ）

67．餐厅服务员使用敬语服务，不仅可以表现出对宾客的尊重，赢得宾客的好感，而且还可与客人建立良好的关系。（ ）

68．在服务过程中可充分使用手势为客人提供服务。（ ）

69．在服务活动中，餐厅服务员的手势、表情、体姿，甚至站的位置、和客人的距离都会表达出特定的含意。（ ）

70．北京的小吃品种繁多，代表品种有艾窝窝、豌豆黄、焦圈、扒糕、炒肝、豆汁等。（ ）

71．“杂”是河北饮食习俗的显著特点，例如张家口以北地区，人们的日常食物以莜面为主，白水煮肉，蘸醋食之。（ ）

72．山西人吃各种面食也往往用醋当主要调料，或用醋稀释的蒜泥佐食。（ ）

73．上海人不仅喜欢吃西餐，而且在家中也能制作简单的西菜，如咖喱鸡、拌沙拉、热狗、番茄鸡等。（ ）

74．苏北人口味清淡，忌食辛辣食物。（ ）

75．闽西客家人口味稍重，喜油大偏咸，讲究鲜香、本味。（ ）

76．江苏人习惯食用味浓油重、鲜咸香辣、原汁原味的菜品。（ ）

77．“无鱼不成席”反映了江西人对水产的偏爱。（ ）

78．北京人习惯用牛肉或猪肉炒米粉，肉嫩味鲜，百吃不厌。（ ）

79．江西人最喜欢吃酒酿，称酒酿为酒饭。（ ）

80．“一日三餐，先茶后饭”是广东食俗的一大特色。（ ）
81．山东菜调味以甜为主，以清淡少油的菜肴为适口，酸辣次之。（ ）
82．海南是我国咖啡、可可、胡椒、槟榔的主要产地。（ ）
83．泡菜是四川人餐桌上离不开的小菜品种。（ ）
84．酸辣红肉、泡菜炒酸辣鸡丁是陕南人喜欢的菜肴。（ ）
85．甘肃人喜食酸辣，油泼辣子和醋是吃汤面必备的调味品。（ ）
86．江苏人一般喜吃肉食、鱼、虾、野味，嗜肥浓腥膻，重油偏咸。（ ）
87．陕西的面食品种多，具有地方特色的有：羊肉泡馍、肉夹馍、酸汤挂面等。（ ）
88．香港人口味喜欢清淡、香脆，不爱食酸辣。（ ）
89．台湾人称粥为“糜”，喜欢喝咸粥，即混煮副食的粥。（ ）
90．庐山云雾茶和宁红茶都是上等的四川名茶。（ ）
91．江西人对米粉的食法很讲究，可做成炒粉、汤粉、凉拌等花样。（ ）
92．“夏天吃火锅”是陕西人的一大饮食特点。（ ）
93．台湾省分为三个食风区，即河洛食风区、客家食风区和高山族食风区。（ ）
94．回族人喜欢吃牛肉、羊肉、鸡肉、鸭肉和带鳞的鱼类，爱吃蔬菜。（ ）
95．“馕”是维吾尔族人家常主食之一。（ ）
96．吃全羊是朝鲜族人宴请远方宾客的最佳食品。（ ）
97．糌粑是藏族人的日常食品。（ ）
98．朝鲜族人口味以咸辣为主。（ ）
99．傣族人喜欢吃糯米油果、糯米卷。（ ）
100．白族副食品常见的有酸菜、砣砣肉、白豆腐、油炸洋芋片和腊肉等。（ ）
101．羌族人善于腌制肉类和咸菜，还能自制蜜饯、雪炖甜梅等果品。（ ）
102．苗族人口味以酸、辣为主，尤其喜食辣椒。（ ）
103．英国人夏天喜欢吃冷甜点，冬天喜食热布丁。（ ）
104．鹅肝是日本的名贵菜肴。（ ）
105．法国的奶酪品种多、味道好，深受人们的喜爱。（ ）
106．美国人一般不用真正的酱油，而是用一种辣酱油，没有食醋的习惯。（ ）
107．俄罗斯人口味浓重，喜欢咸、酸味，以油腻为适口。（ ）
108．日本人爱吃颜色浅、汁清的菜肴。（ ）
109．糕是意大利人喜欢吃的主食之一。（ ）
110．马来西亚人喜欢吃马来粽和竹筒饭。（ ）
111．椰浆辣汤是泰国人的传统菜肴。（ ）
112．伊斯兰教的主要节日有开斋节、古尔邦节和圣纪节。（ ）
113．热毛巾箱、电饭锅、微波炉、空调等电器使用后一定要切断电源，电器设备周围严禁堆放易燃易爆物品。（ ）
114．餐厅服务员对室内的电器设备要经常检查，如果发现电线老化，接触不良，绝缘不好时，要及时维修。（ ）
115．使用酒精炉时，应先点燃酒精后再将其上桌。（ ）
116．烟缸内的烟头、烟灰湿灭后可同台布一同撤掉。（ ）

117．餐厅服务中，一旦发生意外时，一要镇静；二要采取措施；三要向领导汇报；四要妥善处理，并且要及时。（　）

118．餐厅营业中要将餐厅的门窗打开，或打开空调，清除浊气，通风换气。（　）

119．中式餐厅多采用暴露光源，形成热烈、华丽的效果。（　）

120．西式餐厅的照明，要求光色柔和偏暗，造成一种宁静、舒适、温馨的气氛。（　）

（二）**单项选择题**　下列每题有4个选项，其中只有1个选项是正确的，请将正确答案的代号填在横线空白处。

1．道德是以______为标准，调节人们之间和个人与社会之间关系的行为规范。

A．善恶　B．法律　C．仁爱　D．规范

2．人们之所以重视道德，是因为人具有______。

A．团体性　B．社会性　C．道德性　D．善良性

3．社会舆论判断善恶的依据是传统文化习惯形成的______。

A．道德观　B．利益观　C．善恶观　D．传统观

4．职业生活有连续性的特点，因此，接受职业道德教育几乎是一种______。

A．长期教育　B．连续教育　C．阶段教育　D．终身教育

5．只有加强社会主义职业道德建设，才能更好地促进社会主义______正常发展。

A．人际关系　B．法律建设　C．市场经济　D．治安建设

6．市场经济促进了职业道德建设，职业道德建设又促进了______进一步发展。

A．国家建设　B．市场经济　C．精神文明　D．优良服务

7．加强______建设，是为了促进市场经济的健康和谐发展。

A．职业道德　B．法律法规　C．市场经济　D．经济基础

8．职业道德要求从一定的社会责任出发，在履行社会责任的过程中，培养相应的______。

A．职业道德感　B．社会责任感　C．服务意识感　D．爱岗敬业感

9．只有充满______，平等与顾客沟通，才能使顾客理解和接受。

A．友好的往来　B．善意的尊重　C．公平的交易　D．热情的服务

10．企业______已成为竞争的重要内容，自毁企业形象无疑将失去顾客。

A．员工的素质　B．产品的售价　C．管理和文化　D．形象和信誉

11．如今，______已成为时代的新潮流。

A．知识服务　B．特殊服务　C．优质服务　D．技能服务

12．______的人在处理利益关系时，会表现出先公后私和大公无私。

A．思想高尚　B．道德高尚　C．品德高尚　D．信仰高尚

13．在食品卫生中，对食品的______要求是首要条件。

A．色、香、味、形　B．无毒无害　C．符合营养　D．引人食欲

14．食品卫生标准、卫生管理办法和企业卫生规范等技术法规应尽量采用______标准。

A．《食品卫生法》　B．国内　C．国际　D．地域

15．采用不符合卫生条件的包装材料和运输工具造成食品与化学物质接触会引起______污染。

A．化学　　B．工业　　C．病菌　　D．霉菌

16．食品生产经营单位在选址时必须符合卫生要求，要认真调查周围______内有无垃圾、粪便处理场所等不适合食品生产经营的情况。

A．20 m　　B．25 m　　C．30 m　　D．35 m

17．煮沸消毒是把物品在100℃的沸水中煮______，可杀灭微生物繁殖体。

A．8～10 min　　B．6～8 min　　C．4～6 min　　D．3～5 min

18．红外线灭菌的热能直接由电磁波照射产生，红外线灭菌适用于对______消毒。

A．不耐湿热的物品　　B．物体表面　　C．餐酒具　　D．冷荤间

19．评价食品卫生质量的惟一依据是______。

A．《食品卫生法》　　B．食品卫生标准

C．食品行业规定　　D．食品加工、生产规则

20．夏季肉制品出锅后如果______内不食用，必须回锅加热。

A．14 h　　B．18 h　　C．24 h　　D．12 h

21．熟食品库温度要保持在______左右。

A．－4℃　　B．－2℃　　C．0℃　　D．2℃

22．生鱼、肉类库短期保存的温度应该在______之间。

A．－10～0℃　　B．－10～－6℃　　C．0～5℃　　D．0～10℃

23．保存、销售冷荤都要冷藏，放置时间超过______的肉类制品，食用前要加热处理。

A．12 h　　B．16 h　　C．20 h　　D．24 h

24．《食品卫生法》于______开始实施。

A．1985年10月30日　　B．1990年1月1日

C．1995年10月30日　　D．1995年10月1日

25．食品生产经营者必须取得______后，方可从事食品生产和经营。

A．营业执照　　B．健康合格证　　C．卫生许可证　　D．岗前培训合格证

26．生产食品必须报______，经批准后，方可生产经营。

A．企业质检部门　　B．地方主管部门　　C．卫生监督部门　　D．卫生部

27．造成食物中毒事故或其他食源性疾患的，或者因其他违法行为给他人造成损害的，应当依法承担______。

A．刑事责任　　B．民事责任　　C．行政责任　　D．经济责任

28．握手时双眼要注视对方，右臂自然向前伸出，身体呈______。

A．30°～40°　　B．40°～50°　　C．50°～60°　　D．60°～70°

29．礼仪最基本的三大要素是语言、______和服饰。

A．礼节礼貌　　B．行为表情　　C．语言艺术　　D．规范动作

30．礼仪是表示______而举行的隆重仪式。

A．尊重　　B．礼节　　C．敬重　　D．敬意

31．在市场经济条件下市场竞争日益激烈，企业间的竞争实质上是______的竞争。

A．服务质量　　B．服务意识　　C．服务技能　　D．服务水平

32．北京人喜欢吃的面食品种有______。

A．饺子　　B．汤圆　　C．叶粑　　D．米糕

33．______人做主食花样多，有“一面百样吃”的说法。

A．上海　B．山西　C．江苏　D．福建

34．上海人喜食炒年糕，其做法是：将______切成层，加菜和肉一起炒制。

A．水磨年糕　B．切糕　C．糕团　D．米粉

35．______人口味一般以鲜咸、麻辣、浓味的菜肴为适口。

A．北京　B．四川　C．陕西　D．东三省

36．行销海内外的乌龙茶极品——“铁观音”在______特产中独树一帜。

A．福建　B．江苏　C．江西　D．广东

37．我国最大的淡水湖——鄱阳湖有淡水鱼______余种。

A．40　B．60　C．80　D．100

38．______是四川人餐桌上离不开的小菜品种。

A．泡菜　B．腐乳　C．豆豉　D．油炸豆干

39．海南人喜欢用火锅涮煮羊肉，其吃法与北方涮肉不同，海南人喜欢______。

A．肉入味再涮　B．皮肉分开涮　C．带皮带骨剁成小块涮　D．切成厚片涮

40．______名吃有钟水饺、酸辣粉、赖汤圆等。

A．甘肃　B．北京　C．湖南　D．四川

41．______是东北农村的大众食品。

A．手抓羊肉　B．鲍鱼炖鸡　C．猪肉炖粉条　D．黄桥烧饼

42．广东菜肴制作有蒸、炸、烤、煎等______多种烹调方法。

A．10　B．15　C．20　D．30

43．在______一带，俄式等西式菜品影响很大，吃面包加红肠、喝啤酒已成为当地一景。

A．成都　B．苏州　C．北京　D．哈尔滨

44．______是香港人食俗的一大特色。

A．吃早茶　B．吃下午茶　C．午后吃点心　D．喝咖啡

45．陕西的面食品种多，具有地方特色的有______。

A．藕粉圆子　B．烧卖　C．担担面　D．羊肉泡馍

46．在江西水乡，家庭主妇都会腌制______。

A．鸭子　B．酱制品　C．酸菜　D．咸肉

47．凡是到台湾的人，都想品尝______这道菜。

A．牛肉煲　B．乌鱼籽　C．炒肝　D．麻辣鸡丝

48．______人不吃素菜，做菜必须加肉。

A．回族　B．朝鲜族　C．傣族　D．维吾尔族

49．朝鲜族人常以______招待客人，食法极有特色。

A．狗肉　B．鸡肉　C．猪肉　D．牛肉

50．吃______是蒙古族人宴请宾客的最佳食品。

A．全鸭　B．全羊　C．牛肉　D．狗肉

51．______人爱饮酒和茶，并且还经常自己酿酒。

A．藏族　B．回族　C．傣族　D．维吾尔族

52. ______人的主食有金裹银、面疙瘩、玉米汤圆、炒面等。

A. 羌族　B. 高山族　C. 白族　D. 景颇族

53. 苗族人有用______迎贵宾的习俗。

A. 大碗盛酒　B. 酒杯盛酒　C. 牛角盛酒　D. 小碗盛酒

54. 法国人视______为生命之水。

A. 矿泉水　B. 鲜果汁　C. 苏打水　D. 蔬菜汁

55. 每逢喜庆之日，日本人要吃______。其吃法是：蒸好后再撒上芝麻盐，很有特色。

A. 红豆饭　B. 年糕　C. 蛋糕　D. 麻团

56. 韩国人喜欢吃______面条。

A. 白面　B. 豆面　C. 玉米面　D. 荞麦面

57. 马来西亚人以大米为主食，喜欢吃糯米糕点，喝______。

A. 椰浆　B. 矿泉水　C. 葡萄酒　D. 汽水

58. 泰国人最喜欢的民族风味食品是______。

A. 面条　B. 寿司　C. 咖喱饭　D. 通心粉

59. ______是泰国人餐桌上不可缺少的食品。

A. 辣椒酱　B. 酱油　C. 腐乳　D. 咸菜

60. 圣诞节餐桌上必不可少的主菜是______。

A. 牛肉　B. 火鸡　C. 羊肉　D. 水产品

（三）**多项选择题**　下列每题有4个选项，其中至少有2个选项是正确的，请将正确答案的代号填在横线空白处。

1. 社会主义道德反对的是一切损人利己、______等行为。

A. 损公肥私　B. 金钱至上　C. 以权谋私　D. 敲诈勒索

2. 职业道德具有______的特点。

A. 广泛性　B. 规范性　C. 实践性　D. 具体性

3. 职业道德的养成，要从______开始。

A. 忠于职守　B. 爱岗敬业　C. 热爱本职　D. 社会责任

4. 热情待客、文明礼貌的本质要求是______和助人为乐。

A. 平等待人　B. 帮助他人　C. 关心人、尊重人　D. 平易近人

5. 纪律和______一样是按照事物发展规律制定出来的一种约束人们行为的规范。

A. 道德　B. 法律　C. 政策　D. 法规

6. ______也是调节人们利益关系的重要手段。

A. 纪律　B. 法律　C. 政策　D. 法规

7. 我国目前已颁布的与餐饮业有关的法律主要有______。

A.《经济合同法》　B.《产品质量法》　C.《动物保护法》　D.《环境保护法》

8. 食品是人类赖以生存的物质基础，它必须具备______的基本条件。

A. 无毒无害　B. 色、香、味、形　C. 引人食欲　D. 有益健康

9. 影响食品卫生最大的问题有______等方面的污染。

A. 农业　B. 病菌　C. 化学　D. 牲畜

10. 蒸汽消毒，常用于对企业的______设备及食品的消毒，方法简便实用。

A．管道　B．容器　C．酒具　D．布巾

11．评价食品卫生的原则是______。

A．对人民健康负责　B．确保其无毒无害

C．符合国家《食品卫生法》　D．符合食品卫生标准

12．______是衡量食品卫生的标准。

A．感官指标　B．微生物指标　C．理化指标　D．营养指标

13．食品污染的类型有______。

A．生物性污染　B．放射性污染　C．农药污染　D．化学污染

14．食物中毒根据其病原的种类可分为______。

A．微生物食物中毒　B．化学食物中毒

C．有毒动植物食物中毒　D．不明原因食物中毒

15．食品验收入库时，要检查其______。

A．质量　B．卫生状况　C．数量　D．票记

16．餐具消毒须按______程序进行。

A．热力消毒　B．去残渣　C．净水冲　D．洗涤剂洗刷

17．食品卫生法规体系由______组成。

A．《食品卫生法》　B．部门行政规章　C．地方性法规　D．地方政府规章

18．食品卫生社会监督包括______。

A．主管部门监督　B．新闻部门监督　C．社会团体监督　D．公民个人监督

19．食品卫生标准有______。

A．企业标准　B．国家标准　C．地方标准　D．行业标准

20．食品生产经营单位的义务是______。

A．取得食品卫生许可　B．保证食品的卫生和安全

C．加强自身的食品卫生管理　D．接受监督检查

21．违法生产经营食品的法律责任有______。

A．行政法律责任　B．民事法律责任　C．经济法律责任　D．刑事法律责任

22．餐厅服务员在餐厅服务工作中应做到______。

A．举止端庄文雅　B．言语谦虚恭敬　C．态度诚恳热情　D．动作准确规范

23．社会主义道德建设主要抓______建设。

A．企业制度　B．社会公德　C．经济效益　D．职业道德

24．社会主义职业道德的主要内容包括______，努力提高职业技能，严格遵守工作纪律，提高工作质量，诚实可信。

A．自尊自爱　B．忠于职守　C．热爱本职　D．爱岗敬业

25．餐厅服务员的礼节礼貌基本素质主要表现在______及语言文明等方面。

A．仪表端庄　B．仪容大方　C．行为规范　D．态度热情

26．掌握______的语言技巧，是做好敬语服务的根本途径。

A．适人　B．适时　C．适地　D．适度

27．优美的体态语言包括______。

A．表情语言　B．手势语言　C．体姿语言　D．眼神语言

28．北京的小吃品种繁多，代表品种有______。

A．芸豆卷　B．炒肝　C．煎饼菜卷　D．龙抄手

29．山西主食花样很多，以______著称。

A．赤豆糕　B．刀削面　C．拨鱼　D．虾饺

30．山西人吃各种面食用______佐食。

A．酱油　B．辣椒油　C．醋　D．醋稀释的蒜泥

31．上海的小吃极为丰富，有______等。

A．炒年糕　B．米糕　C．叶粑　D．豌豆黄

32．______都是上等的江西名茶。

A．庐山云雾　B．宁红　C．铁观音　D．毛尖

33．苏北的徐州地区饮食习惯已接近山东，如喜食______。

A．翡翠烧卖　B．大葱蘸酱　C．煎饼　D．米粉

34．海南人常用来招待客人的菜肴有______。

A．椰子炖鸡　B．炒油鸡　C．卤鸭　D．烤鱼

35．四川名吃有______。

A．担担面　B．豆汁　C．赖汤圆　D．扒糕

36．陕西的面食品种多，具有地方特色的有______。

A．烧卖　B．羊肉泡馍　C．肉夹馍　D．炒年糕

37．甘肃人喜食酸辣，______是吃汤面的必备调味品。

A．油泼辣子　B．醋　C．酱油　D．三合油

38．甘肃人食肉方法多，常见的有______。

A．牛羊肉泡馍　B．番茄鸡　C．牛羊肉杂碎　D．通心河鳗

39．______等都是陕南人喜爱的菜肴。

A．泡菜炒酸辣鸡丁　B．酸辣红肉　C．铁板牛肉　D．水煮肉片

40．东北城镇饮食业以______为主。

A．川菜　B．京菜　C．鲁菜　D．淮扬菜

41．点心中，______是香港人首选的品种。

A．虾饺　B．叉烧包　C．石子馍　D．发糕

42．台湾水稻品种基本分为______两类。

A．蓬莱稻　B．小站稻　C．在来稻　D．东北稻

43．东北人主食多吃杂粮，还喜食______。

A．豆饭　B．糯米　C．咸粥　D．二米饭

44．______是维吾尔族人喜爱的食品。

A．抓饭　B．拉面　C．酥油茶　D．茶汤

45．藏族人忌吃______。

A．奇蹄五爪类　B．禽兽类　C．羊肉　D．牛肉

46．______是藏族人喜喝的饮料。

A．甜酒　B．酥油茶　C．青稞酒　D．烧酒

47．朝鲜族人主食以米饭为主，其次是______。

A．馒头　　B．烙饼　　C．冷面　　D．米糕

48．傣族把______视为待客的最佳菜肴。

A．酸竹煮鸡　　B．煮鱼　　C．砣砣肉　　D．菜鸭炖姜丝

49．羌族著名的土特产有茂汶和北川的______。

A．红薯干　　B．花生　　C．花椒　　D．茶叶

50．______是英国人常用的饮料。

A．咖啡　　B．啤酒　　C．红茶　　D．花茶

51．法国菜肴常用的调味品有______。

A．丁香　　B．香草　　C．芥末　　D．辣酱油

52．俄罗斯人视______为上乘佳肴。

A．烤鸭　　B．烤鱼　　C．煎鸡　　D．生鱼片

53．马来西亚菜以香辣著称，味道浓郁，主要以______作配料。

A．芥末　　B．椰汁　　C．咖喱　　D．辣椒

54．泰国传统汤菜有______。

A．酸辣汤　　B．甜辣汤　　C．鱼辣汤　　D．鸡蛋汤

55．西方人认为______是新生命和兴旺发达的象征。

A．鸡蛋　　B．兔子　　C．狗　　D．小鸟

三、参考答案

（一）判断题

1.√	2.√	3.√	4.√	5.×	6.√	7.√	8.×	9.√	10.√
11.√	12.√	13.×	14.×	15.√	16.×	17.√	18.√	19.×	20.×
21.√	22.√	23.√	24.×	25.√	26.√	27.√	28.×	29.×	30.√
31.√	32.×	33.×	34.√	35.√	36.√	37.×	38.×	39.√	40.×
41.×	42.√	43.×	44.√	45.√	46.√	47.√	48.×	49.√	50.×
51.√	52.√	53.√	55.√	55.√	56.×	57.√	58.√	59.×	60.×
61.√	62.√	63.√	64.×	65.√	66.√	67.√	68.×	69.√	70.√
71.×	72.√	73.√	74.×	75.√	76.×	77.√	78.×	79.×	80.√
81.×	82.√	83.√	84.√	85.√	86.×	87.√	88.√	89.√	90.×
91.√	92.×	93.√	94.√	95.√	96.×	97.√	98.√	99.√	100.×
101.×	102.√	103.×	104.×	105.√	106.√	107.√	108.√	109.×	110.√
111.√	112.√	113.√	114.×	115.×	116.×	117.√	118.×	119.√	120.√

（二）单项选择题

1.A	2.B	3.C	4.D	5.C	6.B	7.A	8.B	9.B	10.D
11.A	12.B	13.B	14.C	15.A	16.C	17.D	18.B	19.A	20.C
21.A	22.B	23.D	24.C	25.C	26.D	27.B	28.C	29.B	30.D
31.A	32.A	33.B	34.A	35.B	36.A	37.D	38.A	39.C	40.D
41.C	42.D	43.D	44.A	45.D	46.A	47.B	48.D	49.A	50.B
51.C	52.A	53.D	54.A	55.A	56.D	57.A	58.C	59.A	60.B

（三）多项选择题

1.ABCD	2.ACD	3.AB	4.AC	5.BCD	6.BCD	7.ABCD	8.ABD
9.BCD	10.AB	11.ACD	12.ABC	13.BD	14.ABCD	15.ABCD	16.ABCD
17.ABCD	18.BCD	19.ABCD	20.ABCD	21.ABD	22.ABC	23.BD	24.BC
25.ABCD	26.ABCD	27.ABC	28.AB	29.BC	30.CD	31.AB	32.AB
33.BC	34.AB	35.AC	36.BC	37.AB	38.AC	39.AB	40.BC
41.AB	42.AC	43.AD	44.AB	45.AB	46.BC	47.CD	48.AB
49.CD	50.AC	51.AB	52.ABC	53.BCD	54.ABC	55.AB	

第二部分　初级餐厅服务员

一、学 习 要 点

表Ⅱ—1

工作内容	学习要点	重要程度
接待服务	1．接待准备工作	了解
	2．中餐零点接待	掌握
	3．服务心理准备	熟知
	4．中国菜肴知识	熟知
餐巾折叠	1．餐巾的作用	了解
	2．餐巾折花注意事项	了解
	3．餐巾折花造型的种类	熟知
	4．餐巾花的基本折叠技法	掌握
	5．餐巾折花摆放的艺术性	掌握
端托服务	1．托盘的种类	了解
	2．端托与托盘使用	掌握
	3．摆盘、装盘技巧	掌握
	4．端托方法与行进	熟知
摆台服务	1．中餐餐台、台布的种类与规格	了解
	2．台布的铺设	掌握
	3．中餐摆台	熟知
	4．西餐摆台	熟知
	5．摆台注意事项	掌握
酒水服务	1．酒水基本知识	了解
	2．中国酒的分类	熟知
	3．中国酒的特点	熟知
	4．外国酒的分类	掌握
	5．选酒与酒水开启服务	掌握
上菜服务	1．介绍菜品名称	了解
	2．介绍菜品特点	掌握
	3．介绍特殊菜品的食用方法	了解
	4．上菜的规则和程序	掌握
	5．上菜的位置和动作	熟知
	6．上菜服务规范及要求	掌握
撤换菜品及餐酒用具	1．撤换菜肴、食品方法	熟知
	2．撤换餐酒用具方法	熟知
	3．撤换毛巾、口布和台布方法	掌握

二、知识试题

（一）**判断题** 下列判断正确的请打“√”，错误的请打“×”。

1．餐厅服务员在接待宾客服务准备中要做到“三知”“六了解”。 （ ）

2．知识分子、干部比较喜欢吃鲜嫩、营养价值高的菜肴。 （ ）

3．文艺界人士要求菜肴质细、清淡，少而精。 （ ）

4．运动员既重视菜肴的营养价值，又要求数量充裕。 （ ）

5．老年人消化能力弱，喜欢松软、油轻、味厚、低糖、低盐、易消化的食品。 （ ）

6．中年人一般喜欢吃辛辣、味鲜、复合型口味的菜品。 （ ）

7．全家老少三代聚餐，餐厅服务员介绍菜品时，应偏重适于老人和儿童的菜品。 （ ）

8．零点接待也称散座服务或小吃服务，指客人随到随吃，先吃后付款。 （ ）

9．零餐服务的特点是宾客用餐具有多样性，就餐时间具有随意性。 （ ）

10．餐厅服务员仪容仪表总的要求是整齐划一。 （ ）

11．上菜服务最重要的一点是保证菜肴应有的造型。 （ ）

12．上菜时顺序要正确，速度越快越好。 （ ）

13．四川菜主要由成都菜和重庆菜组成，历史悠久，享誉中外。 （ ）

14．苏州菜的特点是细切粗斩，制作精细，用料考究，口味浓中带甜，侧重酥烂鲜香。 （ ）

15．粤菜的主要代表菜有香酥鸭、油淋鸡、松鼠鱼等。 （ ）

16．餐巾是餐饮服务中的一种卫生用品；餐巾可以装饰美化餐台；餐巾花可烘托就餐气氛；餐巾花的摆放可标示出主宾的席位。 （ ）

17．餐巾花外观造型可分为植物、动物、实物三种。 （ ）

18．主宾席位上的餐巾折花被称为主花，主花一般要选择品种名贵、折叠精细、美观、醒目的花形。 （ ）

19．餐巾花在餐台上具有实用和观赏两种作用。 （ ）

20．木质托盘用木做胎，外表用油漆进行彩绘。 （ ）

21．金、银托盘一般用不锈钢做胎，外镀金或银。 （ ）

22．长方形托盘，其规格是长 38 cm，宽 51 cm。 （ ）

23．在端托菜肴服务中，盛器与托盘尺寸相同或大于托盘时，可以采用徒手端托的方法服务。 （ ）

24．装盘时不必根据物品的形状、大小及取出的先后顺序进行装盘码放。 （ ）

25．托盘服务中，如同时端托的物品质量和高度不同时，应将较高的物品放于托盘的一侧。 （ ）

26．装盘时要在物与物之间留有间隔，以免端托行走时发出碰撞而产生声响。 （ ）

27．正常端托行进时，双脚行走应呈一条线，步伐均匀，稳步行进，并做到稳中求快。（　）

28．端托姿势的正确与否直接影响服务人员服务动作的效果。（　）

29．摆台操作前，应将双手进行清洗消毒，对所需的餐饮用具进行完好率的检查，不得使用残破的餐饮用具。（　）

30．餐酒用具摆放时要相对集中，各种餐酒用具要配套齐全。（　）

31．摆放餐、酒具时，摆放距离应相等，图案花纹应对正，做到整齐划一，符合规范标准。（　）

32．摆放餐、酒用具时，应做到既清洁卫生，又有个性。（　）

33．摆放餐、酒用具时，既要方便宾客使用，又要便于餐厅服务员服务。（　）

34．摆放葡萄酒杯时，杯柱应对正骨碟中心，杯柱距勺垫边 1 cm。（　）

35．筷架应摆放在骨碟的右侧，与勺垫的横向中心为一条线。（　）

36．公用勺应放在靠桌边一侧，公用筷放在桌心。（　）

37．大型宴会餐桌的台号应摆放在每张餐台的上首处。（　）

38．零餐方桌摆台，公用餐具应摆在主人席位的右侧。（　）

39．零餐方桌摆台，公用勺和公用筷应斜放在公用碟内。（　）

40．西餐摆台应根据饮用酒水的种类决定摆放酒杯的数量和种类。（　）

41．西餐摆台所用餐、酒及各种用具一般需根据用餐菜单所列菜肴的内容及顺序准备。（　）

42．西餐摆台时，摆放餐刀、叉、勺，应从展示盘左侧顺序摆放。（　）

43．西餐摆台时，主刀摆放于展示盘的右侧，与餐台边呈垂直状。（　）

44．鱼刀、头盘刀、汤勺、餐具摆放间距为 1 cm。（　）

45．西餐摆台时，甜食勺放在甜食叉的正前方，与叉平行，勺头向右。（　）

46．西餐午、晚餐摆台时，餐刀应摆在装饰盘左侧，餐叉应摆在右侧。（　）

47．酒是一种有机化合物，它是用谷物、水果等含淀粉或糖分的植物果实经过蒸馏、陈酿等方法生产出的、含食用酒精的、带刺激性的饮料。（　）

48．发酵酒是指从酿酒原料直接提取或用压榨法取得的酒浆。（　）

49．蒸馏酒是将经过发酵的原料加以蒸馏提纯而成的酒。（　）

50．啤酒是用麦芽经糖化后加入酒花，再用酵母菌发酵而成。（　）

51．啤酒的麦芽糖含量在 11% ~ 25%之间。（　）

52．果酒是以各种含糖量较高的谷物为原料，经发酵压榨酿制而成的。（　）

53．汽酒的乙醇含量在 12°左右。（　）

54．配制酒是酒与酒或酒与非酒精原料混合而成的。（　）

55．酒色有白色、红色、黄色、紫色、黑色、金色等。（　）

56．酒的味道有醇厚、柔和、甜、绵、爽、净之分。（　）

57．酒香有浓香、清香、酱香、米香、果香、复香等味型。（　）

58．黄酒以大米为原料制成，属发酵酒。（　）

59．黄酒又称“老酒”“米酒”，属原汁酒类，含有多种营养成分。（　）

60．我国优质葡萄酒的口感按其含糖量可分为甜和半甜型、干和半干型。（　）

61．我国优质葡萄酒酒液中含糖量在5%以上的为甜型葡萄酒。（ ）

62．我国优质葡萄酒含糖量在2.5%～7%的为半甜型葡萄酒。（ ）

63．我国优质葡萄酒含糖量在0.5%～2.5%的为半干型葡萄酒。（ ）

64．我国优质葡萄酒含糖量在1%以下的为干型葡萄酒。（ ）

65．我国的配制酒大体有两大类，一类是果露酒，一类是药酒。（ ）

66．香槟酒呈黄绿色，清亮透明，口味醇美。（ ）

67．在食用肉类、野味及家禽类食物时，宜配用葡萄酒。（ ）

68．外国酒的酒液中，乙醇含量在45°以上的酒有金酒、伏特加、朗姆酒、威士忌、白兰地和德基拉。（ ）

69．最有代表性的威士忌有苏格兰威士忌、麦芽威士忌、爱尔兰威士忌和加拿大威士忌。（ ）

70．啤酒中含有丰富的营养和多种人体所需要的维生素、蛋白质、二氧化碳、氨基酸和矿物质。（ ）

71．淡啤酒其乙醇含量为3°～5°。（ ）

72．淡啤酒其麦芽糖含量为10%左右。（ ）

73．黄啤酒乙醇含量为3°～5°。（ ）

74．黄啤酒其麦芽糖含量为10%～12%。（ ）

75．黑啤酒乙醇含量为8.5°。（ ）

76．黑啤酒其麦芽糖含量为8%。（ ）

77．外国酒的饮用方法是：用肉类、野味及家禽食物时配饮清淡的酒。（ ）

78．外国酒的饮用方法是：食用海鲜类、野味及甜品等食物时饮浓味的酒。（ ）

79．外国酒配餐饮用的搭配方法是：食用牛排时，配饮浓味红葡萄酒。（ ）

80．白葡萄酒、香槟酒应存放于常温酒库中。（ ）

81．凡是用软木塞封瓶的酒，应平放或倒置存放。（ ）

82．软木塞只有被酒液浸润膨胀后才可使酒液与空气隔绝。（ ）

83．长饮又称软饮料，指不含乙醇的饮料。（ ）

84．碳酸饮料是不含二氧化碳的饮料。（ ）

85．果味型汽水具有水果的色、香、味，营养较丰富。（ ）

86．果汁型汽水具有与天然水果相似的香气和滋味。（ ）

87．原果汁饮料果香浓郁，口感丰富，不含有任何添加剂。（ ）

88．部分果汁饮料，指在饮料中除有一部分果汁外，还有其他液体和物质。（ ）

89．果浆饮料多用坚果或果仁制成，这类饮料富含人体所需的高蛋白。（ ）

90．浓缩果汁是将原果汁经提炼加工，缩去水分后形成的。（ ）

91．菜汁饮料中含有多种营养成分，易被人体吸收。（ ）

92．酒水单是向客人提供酒水服务的指南。（ ）

93．酒水单是餐厅服务员销售商品与收费的依据。（ ）

94．餐厅服务员在陈列餐厅所经营的各种酒水时，应放在餐厅的一侧。（ ）

95．高级啤酒的饮用温度应在8～11℃之间。（ ）

96．给白酒加热时，酒温以30～35℃为宜。（ ）

97. 采用水烫的方法给黄酒加温，酒温达到 40～45℃即可。 （ ）

98. 干型白葡萄酒饮用的温度宜在 8～12℃之间。 （ ）

99. 餐厅准备酒具的种类、规格，要与其经营的酒品种类相配。 （ ）

100. 斟酒时，应以右侧大臂为轴，小臂用力，利用手腕转动，将酒斟至杯中。 （ ）

101. 斟酒时忌讳小臂用力，忌讳小臂与身体之间角度过大。 （ ）

102. 餐厅服务员斟酒服务时，可将身体贴靠在座椅上。 （ ）

103. 餐厅服务员为客人斟酒服务时，可同时为左右两位客人斟酒。 （ ）

104. 斟啤酒或汽泡酒时应将酒液沿杯壁注入杯中。 （ ）

105. 餐厅服务员进行捧斟服务时应右手握杯、左手握瓶从事斟酒服务。 （ ）

106. 捧斟方式的酒水服务一般适用于冰镇酒品。 （ ）

107. 斟酒应以八分满为原则。 （ ）

108. 斟酒服务时，餐厅服务员要确保斟酒安全，这是宴会服务水平的一种体现。 （ ）

109. 中国菜善于选用多种原料，巧妙运用刀工与火候。 （ ）

110. 餐厅服务员上菜时，准确报出菜品的名称是基本的要求。 （ ）

111. 准确报出菜品名称是优质服务的一个体现。 （ ）

112. 原料写实型的菜肴命名方法直接明了，可使客人一目了然，既可听到又能看到。 （ ）

113. 餐厅服务员在上用寓意方法命名的菜肴时，只要报清菜品名称即可。 （ ）

114. 叫化鸡的制作方法是：选用优良的童子鸡，用西湖荷叶包裹，外包泥巴，用火煨烤而成。 （ ）

115. 佛跳墙是福建的地方菜。 （ ）

116. 仿真型菜品名称多见于荤菜素名。 （ ）

117. 中国菜素来注重色、香、味、形、器、养，尤其讲究滋味。 （ ）

118. 中国菜的制作特点是：善于选用多种原料，恰当合理地配比佐料。 （ ）

119. 中国菜肴的特点可以用色、香、味、形、器、养来概括。 （ ）

120. 进餐时，中国菜肴能使人们得到视觉、嗅觉、触觉的综合享受。 （ ）

121. 在烹调过程中，原材料通过加工变得芳香可口，并具有复合的美味。 （ ）

122. 中国烹饪善于用火，火力的大小和加热时间的长短，是决定菜肴质量好坏的一个重要环节。 （ ）

123. 火候通常分为猛火、冲火、旺火、慢火、文火等。 （ ）

124. 按火力的强弱通常分为旺火、中火、小火、微火等。 （ ）

125. 上菜时，餐厅服务员如果能介绍其烹调方法和特点，可提供给客人更周到的服务。 （ ）

126. 餐厅服务员将各种菜品的不同口味逐一向客人进行介绍，可以满足不同的消费群体的要求。 （ ）

127. 餐厅服务员介绍特殊菜品的食用方法，能让顾客得到菜品的最佳食用效果。 （ ）

128. 西餐烹饪不但用料讲究，而且十分注重分质定标，分档取材。 （ ）

129. 中餐宴会的上菜规则是：先冷后热，先甜后咸，先点后菜，先炒后烧，先清淡后

肥厚，先优质后一般。（　　）

130．客人如对上菜有特殊要求，餐厅服务员应根据情况灵活掌握。（　　）

131．餐厅服务员上菜时应站在陪同宾客和次要宾客之间。（　　）

132．餐厅服务员上整条鱼时，应把鱼脊朝向客人。（　　）

133．餐厅服务员上菜时可以推和蹾，但应注意盘底和盘边要干净。（　　）

134．餐厅服务员上各种菜肴时应注意看面要朝向客人。（　　）

135．餐厅服务员上带汤汁的菜肴应双手送至餐桌上，以免洒在客人身上。（　　）

136．客人吃过冷菜换吃热菜时，餐厅服务员不必更换餐碟。（　　）

137．菜肴、食品的撤换应按规定执行，与就餐客人的进餐速度无关。（　　）

138．撤换餐盘时要用左手托托盘，右手换盘，从第一主宾开始，沿顺时针方向进行。（　　）

139．撤换餐盘时要注意：用过的餐盘和干净的餐盘要严格分开，防止交叉污染。（　　）

140．餐厅服务员在宴会服务中，上第二道汤时，无须更换汤碗和汤匙。（　　）

141．餐厅服务员在宴会服务时，除非客人主动提出更换酒具，一般不予更换。（　　）

142．餐厅服务员撤换烟灰缸时，不需要用托盘进行操作。（　　）

143．餐厅服务员收台时，撤烟灰缸应作为一项单独的撤台程序进行。（　　）

（二）**单项选择题**　下列每题有 4 个选项，其中只有 1 个选项是正确的，请将正确答案的代号填在横线空白处。

1．餐厅服务员在接待宾客准备中，除了要了解宾客的生活忌讳和特殊需求外，还要了解______。

A．饮食习惯　B．生活习惯　C．风俗习惯　D．口味习惯

2．青年朋友用餐时喜欢选择安静及______的环境。

A．隐蔽性强　B．封闭性强　C．秘密性强　D．私密性强

3．巧妙地为宾客安排坐位，是餐厅服务员应该掌握的______。

A．服务艺术　B．服务技能　C．服务技巧　D．服务意识

4．餐厅服务员为客人订菜时，应站在点菜客人的______。

A．左后侧　B．右后侧　C．正后侧　D．对面

5．餐厅服务员可在客人______水果时，准备好客人的账单。

A．未用　B．刚用　C．享用　D．用完

6．粤菜包括广州、潮州及______三个地方菜。

A．珠江　B．湛江　C．东江　D．三江

7．湖南菜距今已有______多年的历史，它不仅品种多，而且风味独特。

A．1 300　B．1 500　C．2 300　D．2 500

8．餐厅席间服务常用的圆托盘直径以______较为适宜。

A．35 cm　B．40 cm　C．45 cm　D．50 cm

9．根据端托的不同物品和托盘的不同用途，端托方法有______。

A．1 种　B．2 种　C．3 种　D．4 种

10．端托一般物品时，应用______。

A．常步　B．疾步　C．碎步　D．垫步

11．端送火候菜肴或急需物品时，应用______。

A．碎步　B．常步　C．巧步　D．疾步

12．端送汤汁多的菜肴或端托重物品时，应用______。

A．常步　B．疾步　C．碎步　D．垫步

13．端送物品到餐台前欲将所托物品放于餐台上时，应用______。

A．巧步　B．常步　C．垫步　D．碎步

14．端托行走中，突然遇有意外或障碍时，应用______。

A．疾步　B．巧步　C．垫步　D．碎步

15．托盘起托时，餐厅服务员应站于距操作台______处。

A．25 cm　B．30 cm　C．35 cm　D．40 cm

16．托盘起托后，大臂呈垂直状，大臂与小臂的角度为______。

A．80°　B．85°　C．90°　D．95°

17．圆台的底台或台架的高度一般为______。

A．70 cm　B．75 cm　C．80 cm　D．85 cm

18．铺台布时，餐厅服务员站立在第二主人餐椅处，距餐台约______。

A．30 cm　B．35 cm　C．40 cm　D．45 cm

19．牙签盅应摆在公用碟的______。

A．后侧　B．前侧　C．左侧　D．右侧

20．摆台围椅时应从______开始，按顺时针方向依次摆放。

A．第一主人处　B．第一主宾处　C．第二主人处　D．第二主宾处

21．火柴摆放在烟缸上时应靠______。

A．桌心　B．桌边　C．桌边左侧　D．桌边右侧

22．早餐摆台时，汤碗应摆在骨碟的______。

A．右前方　B．左前方　C．右后方　D．左后方

23．通常在西餐宴会摆台时，酒杯均摆______。

A．2 种　B．3 种　C．4 种　D．5 种

24．西餐铺台时，餐厅服务员应站立于餐台的______。

A．长侧边　B．短侧边　C．角侧边　D．任意侧边

25．西餐摆台中，摆放金银器皿时应______。

A．使用专用工具　B．专人摆放　C．佩戴手套　D．轻拿轻放

26．西餐摆台中，摆放展示盘时，盘内的店徽图案要端正，盘边距桌边______。

A．1 cm　B．1.5 cm　C．2 cm　D．2.5 cm

27．餐厅服务员应在展示盘左侧______处摆放面包、黄油盘。

A．6 cm　B．8 cm　C．10 cm　D．12 cm

28．面包盘的左沿至开胃品刀的距离约为______。

A．45～50 cm　B．50～55 cm　C．55～60 cm　D．60～65 cm

29．黄油刀应斜放在面包盘上，与面包盘的水平线所成角度为______。

A．35°　B．40°　C．45°　D．50°

30．西餐摆台中，水杯摆在主刀的上方，杯底距主刀尖______。

A．1 cm　　B．1.5 cm　　C．2 cm　　D．2.5 cm

31．西餐摆台时，白葡萄酒杯应摆在红葡萄酒杯的______。

A．左下方　　B．右下方　　C．左上方　　D．右上方

32．高度酒指乙醇含量在______之间的烈性酒。

A．30°～65°　　B．40°～65°　　C．45°～65°　　D．50°～65°

33．中度酒指乙醇含量在______之间的饮料酒。

A．19°～39°　　B．20°～39°　　C．21°～39°　　D．22°～39°

34．低度酒指乙醇含量在______以下的饮料酒，这类酒刺激性小。

A．17°　　B．18°　　C．19°　　D．20°

35．中国酒酿酒所用原料不同，特点也不同，由此可将其分为______。

A．四大类　　B．五大类　　C．六大类　　D．七大类

36．白酒属蒸馏酒，乙醇含量较高，约在______之间。

A．35°～65°　　B．40°～65°　　C．45°～65°　　D．50°～65°

37．黄酒主要以糯米及黍米（谷）为原料，酒中的乙醇含量在______之间。

A．8°～18°　　B．10°～18°　　C．12°～18°　　D．14°～18°

38．果酒选用各种含糖量较高的水果为主要原料，酒中乙醇含量多数在______左右。

A．11°　　B．13°　　C．15°　　D．17°

39．我国优质黄酒的酒色一般为______。

A．杏黄色　　B．浅黄色　　C．米黄色　　D．深黄色

40．我国酿造啤酒采用______，制出的酒色浅，味道清爽、细腻。

A．上发酵法　　B．下发酵法　　C．半发酵法　　D．全发酵法

41．葡萄酒中富含人体所需的______微量元素。

A．11 种　　B．13 种　　C．15 种　　D．17 种

42．汽酒是以______为基酒，酒液中充有二氧化碳的酒。

A．果酒　　B．白酒　　C．露酒　　D．葡萄酒

43．汽酒中的乙醇含量一般在______左右。

A．10°　　B．12°　　C．14°　　D．16°

44．我国的优质药酒的特点是以优质的______为基酒，用名贵的药材配制而成。

A．白酒　　B．果酒　　C．葡萄酒　　D．露酒

45．葡萄酒是西餐配餐的主要酒类，酒精含量通常在______之间。

A．8°～10°　　B．8°～12°　　C．8°～14°　　D．8°～16°

46．强化葡萄酒是在制造酒过程中加入了______。

A．雪利酒　　B．波特酒　　C．朗姆酒　　D．白兰地酒

47．强化葡萄酒的酒精含量一般可达到______。

A．17°～19°　　B．17°～21°　　C．17°～23°　　D．17°～25°

48．香槟酒呈______，清亮透明，口味醇美，用餐时可以佐助任何食物。

A．淡黄色　　B．金黄色　　C．橘黄色　　D．黄绿色

49．外国酒非常注重保管及储存方式，白葡萄酒、香槟酒应放于______酒库中储存。

A．恒温　　B．常温　　C．低温　　D．水温

50．斟酒服务中，餐厅服务员持瓶时，右手大臂与小臂应呈______。

A．80°　B．85°　C．90°　D．95°

51．斟倒一般酒水时，瓶口应距离杯口______左右。

A．1 cm　B．1.5 cm　C．2 cm　D．2.5 cm

52．一般情况下，餐厅服务员在宴会开始前______之内将葡萄酒和白酒依次斟入客人杯中。

A．3 min　B．5 min　C．7 min　D．10 min

53．在白兰地的酒标上常标有不同的陈酿符号，"☆☆☆"表示______。

A．1～3年　B．3～5年　C．5～7年　D．7～9年

54．在白兰地的酒标上标"VO"，表示此酒的陈酿时间应为______。

A．6～8年　B．8～10年　C．10～12年　D．12～14年

55．白兰地酒标上用______标符，表示其酒的陈酿时间为12～20年。

A．"VO"　B．"VSP"　C．"VSOP"　D．"XO"

56．中国菜是中国______的总称，它包括了中国各地区、各民族的各种菜。

A．菜肴　B．菜系　C．烹饪　D．肴馔

57．烹饪是制作菜肴的一项______。

A．专门业务　B．专门技术　C．专门工艺　D．专业程序

58．中国菜肴的烹调方法多达______。

A．几种　B．几十种　C．几百种　D．几千种

59．餐厅服务员在服务菜品时，介绍原材料特点可使客人在消费选择时更具有______。

A．直观性　B．直接性　C．认知性　D．认同性

60．餐厅服务员向客人介绍菜品特色，可以提高客人的______。

A．认知率　B．认同率　C．认可率　D．任选率

61．西餐菜品十分注意调料的配用，一款菜品往往需要______调料的组合方可成菜。

A．2种　B．4种　C．8种　D．多种

62．西餐中的一份普通炸猪排就需要______工序才能制成。

A．4道　B．6道　C．8道　D．10道

63．中国各地可用于烹饪的原料多达万种以上，常用的有______。

A．1 000多种　B．2 000多种　C．3 000多种　D．4 000多种

64．宾客使用的烟灰缸中如果存有______烟蒂，餐厅服务员就必须为宾客撤换烟灰缸。

A．1个　B．2个　C．3个　D．4个

65．在高档中餐宴会中，一般桌面上保持______菜。

A．4个以上　B．3个　C．2个　D．1个

（三）**多项选择题**　下列每题有4个选项，其中至少有2个选项是正确的，请将正确答案的代号填在横线空白处。

1．餐厅服务员在接待宾客准备中，除了知主人身份、知就餐标准、知本餐厅经营风味外，还应知______。

A．厨师技术水平　B．桌位号　C．人数　D．经营特色

2．儿童用餐一般喜欢清淡、鲜嫩及______的食品。

A．色泽清爽　　B．色泽鲜艳　　C．香脆单一　　D．甜脆单一

3．餐前准备工作包括环境准备，服装发型、个人卫生及______。

A．物品准备　　B．酒水准备　　C．心理准备　　D．仪表仪容准备

4．零点订菜服务体现了餐厅服务员的______。

A．服务能力　　B．服务水平　　C．服务技能　　D．销售技能

5．浙江菜由杭州菜及______菜组成，其中以杭州菜为代表。

A．苏州　　B．宁波　　C．绍兴　　D．南京

6．安徽菜，口味特色突出______。

A．重油　　B．重色　　C．重味　　D．重火候

7．餐巾折花的基本技法除了有叠、折、卷、穿外，还有______。

A．翻　　B．拉　　C．捏　　D．掰

8．餐巾花在台面上具有______。要使每个花形都发挥其作用，餐厅服务员就要了解每个花形的最佳观赏位置。

A．抽象性　　B．美观性　　C．艺术性　　D．象形性

9．中餐圆台铺台布的方法常用的有______。

A．推拉式　　B．抖铺式　　C．合铺式　　D．撒网式

10．西餐摆台需用的餐具有______。

A．冷菜刀　　B．酒具　　C．主菜刀　　D．冷菜盘

11．西餐摆台需用的酒具有______。

A．冰水杯　　B．咖啡杯　　C．饮料杯　　D．利口杯

12．中国酒按其不同的酿造工艺大致可分为______。

A．发酵酒　　B．蒸馏酒　　C．配制酒　　D．原浆酒

13．中国酒的分类可按不同的______等进行划分。

A．酿造工艺　　B．乙醇含量　　C．香型　　D．口味

14．我国优质白酒的特点是______。

A．晶莹纯净　　B．透明无色　　C．无沉淀　　D．回味无穷

15．葡萄酒中富含有人体所需的______。

A．维生素 A　　B．维生素 B　　C．维生素 E　　D．维生素 C

16．优质汽酒的特点是酒液______，开瓶时汽足泡多。

A．洁白无色　　B．纯清透亮　　C．色泽正　　D．酒香浓爽

17．外国酒按配餐方式和饮用方式可分为______。

A．低度酒　　B．开胃酒　　C．汽酒　　D．佐餐酒

18．啤酒富含丰富的营养和多种人体需要的维生素及______。

A．蛋白质　　B．二氧化碳　　C．氨基酸　　D．矿物质

19．啤酒按口味可分为______。

A．淡啤酒　　B．浓啤酒　　C．黄啤酒　　D．黑啤酒

20．我国饮料主要有______。

A．茶　　B．咖啡　　C．酒　　D．长饮

21．软饮料按其主要功能可分为______。

A．普通饮料　　B．矿泉水饮料　　C．运动饮料　　D．保健饮料

22．用鲜乳加工制成的饮料有______。

A．鲜奶饮料　　B．可可奶　　C．淡奶咖啡　　D．豆奶饮料

23．烹制菜肴时，可根据火力强弱情况将火力分为猛火、冲火、______等。

A．大火　　B．旺火　　C．慢火　　D．文火

24．一般中餐常备酒具有______。

A．水杯　　B．红酒杯　　C．白酒杯　　D．白兰地杯

25．西餐常备的酒具除水杯外还有______。

A．饮料杯　　B．葡萄酒杯　　C．烈性酒杯　　D．蜜酒杯

26．在宴会进行中需要不断地更换餐具、用具，这样做主要是为了______，突出特点，增加美观。

A．提高宴席档次　　B．让菜品保持原汁原味

C．搞好餐桌卫生　　D．表示热情

27．汽酒是以果酒为基酒，酒液中充有二氧化碳的酒。优质汽酒的特点是______。

A．色泽正　　B．酒香浓　　C．气足泡多　　D．开瓶后有溢瓶现象

28．在诸多的中国菜品中，菜肴名称的命名方法有______。

A．写实型命名　　B．寓意型命名　　C．仿真型命名　　D．写意型命名

29．以写实型命名的菜品可分为______。

A．原料写实型　　B．烹调方法写实型

C．食用方法写实型　D．人名写实型

30．食用方法写实型的代表菜有______。

A．手扒羊肉　　B．软炸里肌　　C．拔丝苹果　　D．涮羊肉

31．______属仿真型菜名。

A．爱国饼　　B．炸响铃　　C．烧鹅脖　　D．麻婆豆腐

三、技能试题

第一题　单人操作抖铺台布

1．内容及操作要求

独立完成10人用餐前的抖铺台布操作。要求：①做好铺台布前的各项准备工作；②操作顺序、方法正确，动作娴熟；③操作中符合卫生、安全、准确的规定。

2．准备工作

准备直径180 cm圆台1个，座椅10把，220 cm×220 cm台布1块。

3．考核时限

(1) 基本时间　准备时间1 min，正式操作时间1 min。

(2) 时间允差　每超限定时间1 min从总分中扣1分，不足1 min按1 min计算，超过3 min此项不得分。

4．评分项目及标准（见表Ⅱ—2）

表Ⅱ—2

序号	评分要素	配分	评分标准	得分	备注
1	做好铺台前的各项准备工作	1	铺台错位扣1分		
2	抖铺台布平整	4	①一次未铺平扣1分； ②反铺台布扣1分； ③中线不正扣1分； ④台布拖地扣1分		

第二题　端托服务

1．内容及操作要求

独立完成摆台操作时的端托。要求：①正确理盘；②按规范装盘；③正确端托，落托；④端托时操作到位，行走规范，动作标准。

2．准备工作

准备接手台（边台）1个，托盘2个，摆台所需的骨碟12个，勺托10个，勺12把，筷架10个，筷子12双，红酒杯、水杯、白酒杯各10个，牙签盅2个，烟灰缸5个。

3．评分项目及标准（见表Ⅱ—3）

表Ⅱ—3

序号	评分要素	配分	评分标准	得分	备注
1	做好端托前的准备工作	2	①理盘不正确扣1分； ②装盘不规范扣1分		
2	端托服务	4	①端托、行走不规范1次扣2分； ②端托不到位扣1分； ③端托操作不协调扣1分		

续表

序号	评分要素	配分	评分标准	得分	备注
3	端托失误	4	①端托掉物、倒件扣1分； ②端托掉物并引起破损扣3分		

第三题 单人操作摆放10人用餐餐饮用具

1．内容及操作要求

独立完成10人用餐餐台的摆台操作的全部过程。要求：①做好摆台前的各项准备工作；②摆台操作过程中方法正确，动作娴熟优美；③操作中注意卫生及物品的安全使用。

2．准备工作

准备托盘2个，酒精消毒棉球2个，骨碟12个，勺托10个，勺12把，筷架10个，筷子12双，水杯、红酒杯、白酒杯各10个，牙签盅2个，烟灰缸5个。

3．考核时限

（1）基本时间　准备时间5 min，操作时间10 min。

（2）时间允差　每超过限定时间1 min从总分中扣1分，不足1 min的按1 min计算。

4．评分项目及标准（见表Ⅱ—4）

表Ⅱ—4

序号	评分要素	配分	评分标准	得分	备注
1	做好摆台操作的准备工作	4	①物品未消毒扣2分； ②手抓杯口、碟内扣2分		
2	摆台操作	30	①摆放餐碟1个间距不等扣0.4分； ②摆放勺托、勺1个间距不等扣0.4分； ③摆放酒杯1个间距不等扣0.4分； ④摆放筷架、筷子1个间距不等扣0.4分； ⑤摆放牙签盅1个间距不等扣0.4分； ⑥摆放烟灰缸1个间距不等扣0.4分； ⑦餐具花纹1个不正扣0.2分； ⑧椅子间距1个不等扣0.4分		
3	操作规范	16	①摆放位置错1次扣2分； ②端托不规范扣2分； ③餐饮用具错位1项扣2分； ④漏摆1项扣3分； ⑤餐饮用具落地1件扣2分； ⑥摆台顺序错1次扣2分		
4	仪表仪容整齐干净	5	着工装，佩戴操作工牌，不得佩戴首饰及其他饰物，着淡妆。以上1项不达标，扣1分		

第四题 餐巾折花

1．内容及操作要求

独立完成10种不同形状叶类的餐巾折花。要求：①做好折花前的准备工作；②折叠一次成形，动作娴熟；③符合卫生要求。

2．准备工作

准备30 cm以上平瓷盘1个（消毒干净），消毒酒精棉球若干，餐巾10块，水杯10个（西餐折盘花），接手台（边台）1个。

3．考核时限

（1）基本时间　准备工作 1 min，正式操作 5 min。

（2）时间允差　每超过限定时间 1 min，从总分中扣 1 分，不足 1 min 的按 1 min 计算，超过 5 min，此项不得分。

4．评分项目及标准（见表Ⅱ—5）

表Ⅱ—5

序号	评分要素	配分	评分标准	得分	备注
1	做好折花前的准备工作	2	①操作不规范 1 次扣 1 分； ②操作时不符合卫生要求扣 1 分		
2	餐巾花形象逼真，花形挺括	18	①形象差 1 个扣 1 分； ②重样 1 个扣 1 分； ③名实不符 1 个扣 1 分； ④反折餐巾花 1 个扣 0.5 分； ⑤摆放位置不正 1 个扣 0.5 分		

第五题　斟倒酒水

1．内容及操作要求

独立完成红酒、白酒各 10 杯的斟酒服务。要求：①做好斟酒前的准备工作；②斟酒操作服务方法正确，动作优美；③斟酒姿势、动作符合规范。

2．准备工作

准备中国红葡萄酒 1 瓶，白酒 1 瓶，餐巾 1 块，红酒杯、白酒杯各 10 个。

3．考核时限

（1）基本时间　准备时间 1 min，正式操作时间 4 min。

（2）时间允差　每超过限定时间 1 min，从总分中扣除 1 分，不足 1 min 按 1 min 计算，超过 5 min 此项不得分。

4．评分项目及标准（见表Ⅱ—6）

表Ⅱ—6

序号	评分要素	配分	评分标准	得分	备注
1	做好斟酒前的准备工作	1	打开酒瓶盖，酒标朝向客人握瓶。握瓶姿势不正确扣 1 分		
2	斟酒服务	9	①斟酒错位扣 2 分； ②斟酒顺序错扣 2 分； ③瓶口碰杯口 1 次扣 0.5 分； ④托瓶底 1 次扣 0.5 分； ⑤斟酒姿势不规范扣 2 分； ⑥不绕椅斟倒扣 0.5 分； ⑦倒杯 1 个扣 1.5 分		
3	符合斟酒标准（八分满）	10	①不符合标准，1 杯扣 0.5 分； ②洒一滴酒扣 0.5 分； ③洒酒多扣 2 分		

四、模拟试卷

知识考核模拟试卷

（一）**判断题** 下列判断正确的请打"√"，错误的请打"×"（每题1分，共30分）。

1．法律、法规的作用范围是有限的，而职业道德的力量却能管到法律管不到的地方。（ ）

2．不同的社会存在着不同的道德标准，不同的道德标准为共同的社会经济基础服务。（ ）

3．个人利益的获取，不应建立在为他人和社会服务的基础上。（ ）

4．环境卫生的好坏对食品卫生质量有着直接的影响。（ ）

5．食品制售可以在室内或室外进行，食品应遮盖，防止积尘。（ ）

6．使用礼貌语言是一种有声的行动，如使用"您""请""欢迎光临"等敬语都体现了一种文明行为。（ ）

7．对于一个餐厅来说，社会信誉的高低在很大程度上取决于是否有文明礼貌的服务。（ ）

8．北京的小吃品种繁多，代表品种有艾窝窝、豌豆黄、焦圈、扒糕、炒肝、豆汁等。（ ）

9．甘肃人喜食酸辣，油泼辣子和醋是他们吃汤面必备的调味品。（ ）

10．餐厅服务员对室内的电器设备要经常检查，发现电线老化、接触不良、绝缘不好时，要及时维修。（ ）

11．餐厅服务员在接待宾客准备中要做到"三知""六了解"。（ ）

12．文艺界人士要求菜肴质细、清淡，少而精。（ ）

13．全家老少三代聚餐，餐厅服务员在介绍菜品时，应偏重老人和儿童的口味。（ ）

14．上菜服务最重要的一点，是要保证菜肴应有的造型。（ ）

15．苏州菜的特点是细切、粗斩，制作精细，用料考究，口味浓中带甜，侧重酥烂鲜香。（ ）

16．粤菜的主要代表菜有香酥鸭、油淋鸡、松鼠鱼等。（ ）

17．餐巾花在餐台上具有实用和观赏两种作用。（ ）

18．餐厅服务员装盘时必须根据物品的形状、大小及取出的先后顺序进行装盘码放。（ ）

19．餐厅服务员正常端托行进时，双脚行走应呈一条线，步伐均匀，稳步行进，并做到稳中求快。（ ）

20．餐厅服务员摆放餐酒用具时，既要方便宾客使用，又要便于服务人员服务。（ ）

21．西餐摆台所用餐、酒具及其他用具一般需要根据用菜单所列菜肴的内容及顺序准备。（ ）

22．发酵酒是指从酿酒原料中直接提取或用压榨法取得的酒浆。（ ）

23．啤酒的麦芽糖含量在11%～15%之间。（ ）

24．我国优质葡萄酒的口感按其含糖量可分为甜和半甜型，干和半干型。（ ）

25．餐后甜酒大致可分为三种类型，即植物类、食品类和果料类。（ ）

26．长饮又称软饮料，是指含乙醇少的饮料。（ ）

27．斟酒时忌讳小臂用力，忌讳小臂与身体之间角度过大。（ ）

28．佛跳墙是福建的地方菜。（ ）

29．中国菜肴的特点可以用色、香、味、形、器、养来概括。（ ）

30．菜肴、食品的撤换应按规定执行，与就餐客人的进餐速度无关。（ ）

（二）**单项选择题** 下列每题有4个选项，其中只有1个选项是正确的，请将正确答案的代号填在横线空白处（每题1分，共40分）。

1．人们之所以重视道德，是因为人具有______。

A．团体性 B．社会性 C．道德性 D．善良性

2．职业道德要从一定的社会责任出发，在履行对社会责任的过程中，培养相应的______。

A．职业道德感 B．社会责任感 C．服务意识感 D．爱岗敬业感

3．采用不符合卫生条件的包装材料和运输工具，造成食品与化学物质接触会引起______污染。

A．化学 B．工业 C．病菌 D．霉菌

4．企业______已成为竞争的重要内容，自毁企业形象无疑将会失去顾客。

A．员工及其素质 B．产品和售价 C．管理和技术 D．形象和信誉

5．煮沸消毒是把需要消毒的物品在100℃的沸水中煮______min，可杀灭微生物繁殖体。

A．8～10 B．6～8 C．4～6 D．3～5

6．《食品卫生法》于______开始实施。

A．1985年10月30日 B．1990年1月1日

C．1995年10月30日 D．1995年10月1日

7．生产食品必须报______，经批准后方可生产经营。

A．企业质检部门 B．地方主管部门 C．卫生监督部门 D．卫生部

8．握手时，双眼要注视对方，右臂自然向前伸出，身体呈______。

A．30°～40° B．40°～50° C．50°～60° D．70°～80°

9．在市场经济条件下，市场竞争日益激烈，企业间的竞争实质上是______的竞争。

A．服务质量 B．服务意识 C．服务技能 D．服务水平

10．礼仪最基本的三大要素是语言、______和服饰。

A．礼节礼貌 B．行为表情 C．语言艺术 D．规范动作

11．熟食品库温度要保持在______左右。

A．－4℃ B．－2℃ C．0℃ D．2℃

12．上海人喜食炒年糕，其做法是：将______切成层，加菜和肉一起炒制。

A．水磨年糕 B．切糕 C．糕团 D．米粉

13．我国最大的淡水湖——鄱阳湖中有淡水鱼______余种。

A．40　B．60　C．80　D．100

14．餐厅服务员在接待宾客准备中，除了要了解宾客的生活忌讳和特殊需求外，还要了解宾客的______。

A．饮食习惯　B．生活习惯　C．风俗习惯　D．口味习惯

15．巧妙地为宾客安排坐位，是餐厅服务员应该掌握的______。

A．服务艺术　B．服务技能　C．服务技巧　D．服务意识

16．餐厅服务员可在客人______水果时，准备好客人的账单。

A．未用　B．刚用　C．享用　D．用完

17．粤菜包括广州、潮州及______三个地方菜。

A．珠江　B．湛江　C．东江　D．三江

18．根据端托的不同物品及托盘的不同用途，端托方法有______。

A．1 种　B．2 种　C．3 种　D．4 种

19．端托一般物品时，应用______。

A．常步　B．疾步　C．碎步　D．垫步

20．托盘起托时，餐厅服务员应站于距操作台______处。

A．25 cm　B．30 cm　C．35 cm　D．40 cm

21．铺台布时，餐厅服务员应站立在第二主人餐椅处，距餐台约______。

A．30 cm　B．35 cm　C．40 cm　D．45 cm

22．西餐摆台中，摆放金银器皿时，应______。

A．使用专用工具　B．专人摆放　C．佩戴手套　D．轻拿轻放

23．西餐摆台中，摆放展示盘时，盘内的店徽图案要端正，盘边距桌边______。

A．1 cm　B．1.5 cm　C．2 cm　D．2.5 cm

24．面包盘的左沿至开胃品刀距离应为______。

A．45 ~ 50 cm　B．50 ~ 55 cm　C．55 ~ 60 cm　D．60 ~ 65 cm

25．按乙醇含量分，中度酒指乙醇含量在______之间的饮料酒。

A．30° ~ 65°　B．40° ~ 65°　C．45° ~ 65°　D．50° ~ 65°

26．中国酒，酿酒所用原料不同，酒的特点也不同，由此可将中国酒分为______。

A．四大类　B．五大类　C．六大类　D．七大类

27．果酒选用各种含糖量较高的水果为主要原料，酒中乙醇含量多数在______左右。

A．11°　B．13°　C．15°　D．17°

28．我国优质黄酒的酒色一般为______。

A．杏黄色　B．浅黄色　C．米黄色　D．深黄色

29．葡萄酒富含人体所需的______微量元素。

A．11 种　B．13 种　C．15 种　D．17 种

30．我国优质药酒的特点是以优质的______为基酒，用名贵的药材配制而成。

A．白酒　B．果酒　C．葡萄酒　D．露酒

31．外国酒非常注重保管及储存方式，白葡萄酒、香槟酒应放于______酒库中储存。

A．恒温　B．常温　C．低温　D．水温

32．餐厅服务员在斟酒服务中，持瓶时，右手大臂与小臂应呈的角度为______。

A．80°　B．85°　C．90°　D．95°

33．在白兰地酒标上常标有不同的陈酿符号，“☆☆☆”表示______。

A．1～3年　B．3～5年　C．5～7年　D．7～9年

34．一般情况下，在宴会开始前______之内，餐厅服务员应将葡萄酒和白酒依次斟入客人酒杯中。

A．3 min　B．5 min　C．7 min　D．10 min

35．中国菜是中国______的总称，它包括了中国各地区、各民族的各种菜。

A．菜肴　B．菜系　C．烹饪　D．肴馔

36．烹饪是制作菜肴的一项______。

A．专门业务　B．专门技术　C．专门工艺　D．专业程序

37．餐厅服务员如果在菜品服务中能介绍原材料的特点，就可使客人在消费选择时更具有______。

A．直观性　B．直接性　C．认知性　D．认同性

38．西餐菜品十分注重调料的配用，一款菜品往往需要用______调料的组合方可成菜。

A．3种　B．5种　C．8种　D．多种

39．在中国，可用于烹饪的原料多达万种以上，常用的有______。

A．1 000多种　B．2 000多种　C．3 000多种　D．4 000多种

40．宾客使用的烟灰缸中如果留有______烟蒂，餐厅服务员就必须为宾客撤换烟灰缸。

A．1个　B．2个　C．3个　D．4个

（三）**多项选择题**　下列每题有4个选项，其中至少有2个选项是正确的，请将正确答案的代号填在横线空白处（每题1分，共30分）。

1．职业道德具有______的特点。

A．广泛性　B．规范性　C．实践性　D．具体性

2．______也是调节人们利益关系的重要手段。

A．纪律　B．法律　C．政策　D．法规

3．影响食品卫生最大的问题有______等。

A．农业污染　B．病菌污染　C．化学污染　D．牲畜污染

4．在食品卫生标准中，有______。

A．感官指标　B．微生物指标　C．理化指标　D．营养指标

5．食品入库验收时，要检查食品的______。

A．质量　B．卫生状况　C．数量　D．票记

6．餐厅服务员在餐厅服务工作中应做到：______。

A．举止端庄文雅　B．言语谦虚恭敬　C．态度诚恳热情　D．动作准确规范

7．山西人吃各种面食也往往用______佐食。

A．酱油　B．辣椒油　C．醋　D．醋稀释的蒜泥

8．朝鲜族人主食以米饭为主，其次是______。

A．馒头　B．烙饼　C．冷面　D．米糕

9．餐厅服务员在接待宾客准备中，除了知主人身份、知就餐标准、知本餐厅经营风味

外，还应知______。

A．厨师技术水平　B．餐位号　C．人数　D．经营特色

10．餐前准备工作包括环境准备，服装发型、个人卫生及______。

A．物品准备　B．酒水准备　C．心理准备　D．仪表仪容准备

11．零点订菜服务体现了餐厅服务员的______。

A．服务功能　B．服务水平　C．服务技能　D．销售技能

12．安徽菜的突出特点是______。

A．重油　B．重色　C．重味　D．重火候

13．餐巾折花的基本技法除了有叠、折、卷、穿外，还有______。

A．翻　B．拉　C．捏　D．掰

14．餐巾花在台面上具有______，每个花形都要发挥其作用。

A．抽象性　B．美观性　C．艺术性　D．象形性

15．中餐圆桌铺台布的方法常用的有______。

A．推拉式　B．抖铺式　C．合铺式　D．撒网式

16．中国酒按其不同的酿造工艺大致可分为______。

A．发酵酒　B．蒸馏酒　C．配制酒　D．原浆酒

17．优质汽酒的特点是酒液______，开瓶时气足泡多。

A．洁白无色　B．纯清透亮　C．色泽纯正　D．酒香浓爽

18．啤酒含有丰富的营养和多种人体需要的维生素及______。

A．蛋白质　B．二氧化碳　C．氨基酸　D．矿物质

19．我国饮料主要有______。

A．茶　B．咖啡　C．酒　D．长饮

20．用鲜乳加工制成的各种饮料有______。

A．鲜奶饮料　B．可可奶　C．淡奶咖啡　D．豆奶饮料

21．食用方法写实型的代表菜有______。

A．手扒羊肉　B．软炸里肌　C．拔丝苹果　D．涮羊肉

22．仿真型菜品名称有______。

A．爱国饼　B．炸响铃　C．烧鹅脖　D．麻婆豆腐

23．烹制菜肴的火候通常分为旺火及______。

A．中火　B．慢火　C．小火　D．微火

24．烹制菜肴时，可根据火力强弱情况将火力分为猛火、冲火、______等。

A．大火　B．旺火　C．慢火　D．文火

25．葡萄酒富含人体所需的______。

A．维生素 B　B．维生素 A　C．维生素 E　D．维生素 C

26．汽酒是以果酒为基酒、酒液中充有二氧化碳的酒。优质汽酒的特点是______。

A．色泽正　B．酒香浓　C．气足泡多　D．开瓶后有溢瓶现象

27．以写实型命名的菜品又可分为______。

A．原料写实型　B．烹调方法写实型

C．食用方法写实型　D．人名写实型

28．啤酒按其口味可分为______。

A．淡啤酒　　B．浓啤酒　　C．黄啤酒　　D．黑啤酒

29．泰国传统汤菜有______。

A．酸辣汤　　B．甜辣汤　　C．鱼辣汤　　D．鸡蛋汤

30．优美的体态语包括______。

A．表情语言　　B．手势语言　　C．体姿语言　　D．眼神语言

五、参考答案

知识试题

（一）判断题

1.× 2.× 3.× 4.√ 5.√ 6.× 7.√ 8.× 9.√ 10.×
11.× 12.× 13.√ 14.√ 15.× 16.√ 17.√ 18.√ 19.√ 20.√
21.× 22.√ 23.√ 24.× 25.× 26.√ 27.√ 28.× 29.√ 30.√
31.√ 32.× 33.√ 34.× 35.√ 36.× 37.× 38.√ 39.√ 40.√
41.√ 42.× 43.√ 44.× 45.√ 46.× 47.√ 48.× 49.√ 50.√
51.√ 52.× 53.× 54.√ 55.√ 56.√ 57.√ 58.× 59.√ 60.√
61.× 62.√ 63.√ 64.× 65.√ 66.√ 67.√ 68.√ 69.√ 70.√
71.× 72.× 73.√ 74.√ 75.√ 76.√ 77.× 78.× 79.√ 80.×
81.√ 82.√ 83.√ 84.× 85.× 86.× 87.√ 88.√ 89.√ 90.√
91.√ 92.√ 93.√ 94.× 95.× 96.√ 97.√ 98.√ 99.√ 100.√
101.× 102.× 103.× 104.√ 105.× 106.× 107.× 108.√ 109.√ 110.√
111.√ 112.√ 113.× 114.× 115.× 116.× 117.√ 118.√ 119.√ 120.√
121.√ 122.√ 123.× 124.× 125.√ 126.× 127.√ 128.√ 129.× 130.√
131.√ 132.× 133.× 134.√ 135.√ 136.× 137.× 138.√ 139.√ 140.×
141.× 142.× 143.√

（二）单项选择题

1.C 2.D 3.A 4.A 5.C 6.C 7.C 8.B 9.B 10.A
11.D 12.C 13.C 14.B 15.B 16.C 17.C 18.C 19.D 20.A
21.A 22.B 23.B 24.A 25.C 26.B 27.C 28.C 29.C 30.C
31.B 32.B 33.B 34.C 35.C 36.A 37.C 38.C 39.B 40.B
41.B 42.A 43.A 44.A 45.C 46.D 47.B 48.D 49.C 50.C
51.C 52.B 53.B 54.C 55.B 56.D 57.B 58.B 59.A 60.D
61.D 62.C 63.C 64.B 65.D

（三）多项选择题

1.BCD 2.BD 3.ACD 4.AD 5.BC 6.ABD 7.ABCD 8.AD
9.ABC 10.ACD 11.ACD 12.ABC 13.ABCD 14.ABCD 15.ABCD 16.BCD
17.BD 18.ABCD 19.ACD 20.ACD 21.ABCD 22.ABCD 23.BCD 24.ABC
25.ABC 26.ACD 27.ABCD 28.ABC 29.ABC 30.ACD 31.BC

知识考核模拟试卷

（一）判断题

1.√	2.×	3.×	4.×	5.×	6.√	7.√	8.√	9.√	10.×
11.×	12.×	13.√	14.×	15.√	16.×	17.√	18.√	19.√	20.√
21.√	22.×	23.√	24.√	25.√	26.×	27.×	28.×	29.√	30.×

（二）单项选择题

1.B	2.B	3.A	4.D	5.D	6.C	7.D	8.C	9.A	10.B
11.B	12.A	13.D	14.C	15.A	16.C	17.C	18.B	19.A	20.B
21.C	22.C	23.B	24.C	25.B	26.C	27.C	28.B	29.B	30.A
31.C	32.C	33.B	34.B	35.D	36.B	37.A	38.D	39.C	40.B

（三）多项选择题

1.ACD	2.BCD	3.BCD	4.ABC	5.ABCD	6.ABC	7.CD	8.CD
9.BCD	10.ACD	11.AD	12.ABD	13.ABCD	14.AD	15.ABD	16.ABC
17.BCD	18.ABCD	19.ACD	20.ABCD	21.ACD	22.BC	23.ACD	24.BCD
25.ABCD	26.ABCD	27.ABC	28.ABD	29.ABC	30.ABC		

第三部分　中级餐厅服务员

一、学 习 要 点

表Ⅲ—1

工作内容	学习要点	重要程度
接待服务	1. 主动热情服务	熟知
	2. 耐心、周到服务	掌握
	3. 中式早餐接待服务	熟知
	4. 西式早餐接待服务	熟知
餐巾折花	1. 餐巾折花技艺	熟知
	2. 中餐餐巾折花三十例	掌握
摆台服务	1. 环境、菜单的准备	了解
	2. 酒水、饮料及餐具、用具的准备	了解
	3. 中餐宴会、台布的铺设方法	掌握
	4. 中西餐调料的应用与配制	熟知
	5. 中餐宴会餐台布局与摆设	了解
	6. 西餐宴会餐台布局与摆放	了解
酒水服务	1. 开启特殊酒水的工具及方法	掌握
	2. 特殊酒水的斟倒方法	熟知
	3. 特殊酒水的斟倒要求	掌握
	4. 酒水保管	了解
分菜服务	1. 中餐分菜	熟知
	2. 西餐分菜	了解
	3. 分鱼	掌握
	4. 整形、造型菜拆分方法	掌握
餐、酒用具管理	1. 餐、酒用具的配备使用	熟知
	2. 餐、酒用具的合理保管	掌握
	3. 各类棉织品的清洁与保管	了解

二、知识试题

（一）**判断题**　下列判断正确的请打“√”，错误的请打“×”。

1．主动服务是指为满足宾客来餐厅用餐需求而采取的有效措施。（　）

2．热情服务是指餐厅服务员细心体察宾客需要，自然微笑，真诚待客，使客人感到亲切、温暖。（　）

3．主动、热情、耐心、周到地服务，可表现出一个餐厅服务员崇高的思想境界和良好的职业道德。（　）

4．餐厅服务员能否主动为宾客服务，将直接影响企业形象。（　）

5．对于酗酒过度的客人，要阻止其继续饮酒。（　）

6．语言是第一个赢得客人的心理元素。（　）

7．服务中使用“耐心语言”，可以应对各种意外情况。（　）

8．早餐接待准备工作中，餐厅的清洁卫生工作内容包括清洗餐酒用具。（　）

9．餐前饮茶的习惯，特别是饮早茶，流行于全国各地。（　）

10．餐厅服务员应右手执壶，在客人的左侧斟倒第一杯礼貌茶。（　）

11．餐厅服务员向客人介绍当天的点心品种时，要有意识地推销菜品。（　）

12．客人用餐时，餐厅服务员应定时巡视，并提供服务。（　）

13．在服务工作中，送客与迎客一样重要。（　）

14．西式早餐服务中，餐厅服务员应适时为客人添加咖啡或红茶。（　）

15．餐巾折花是一种用餐器具，可以烘托宴会的气氛。（　）

16．餐巾花通常可分为杯花和盘花两大类，杯花适用于中餐装饰，盘花多用于西餐宴会。（　）

17．举办大型宴会时，每桌的餐巾花形要求折叠各异。（　）

18．中小型宴会的餐巾折花要精细，要做到一人一样。（　）

19．婚宴使用的餐巾花形可选“老树新芽”“仙鹤”等。（　）

20．寿宴使用的餐巾花形应选用“喜鹊唱枝”“玫瑰花”等。（　）

21．餐巾颜色的选用要与环境装潢色调及光线明暗相适应。（　）

22．用餐巾折叠成各种花、鸟、鱼等形状，统称为餐巾折花。（　）

23．板式菜单是指在一个固定位置上装有一个固定形式的菜牌。（　）

24．板式菜单上的菜肴食品都是餐厅长年固定销售的品种。（　）

25．备用餐具中，用量最大的是骨碟。（　）

26．烟灰缸是餐饮用具中备用量一般的物品之一。（　）

27．餐桌配桌裙是较高档的餐厅颇为流行的一种辅台方法。（　）

28．当客人用餐完毕后，餐厅服务员应同时将台布、桌裙撤下。（　）

29．佐料是指烹调时用来增加滋味和气味的调味品。（　）

30．佐料是指进餐时食用的调味品。 ( )

31．作料的作用是用来消除菜点的异味，增加菜品的美味。 ( )

32．作料按其性质可分为植物类、动物类和人工合成类。 ( )

33．山东菜中的锅烧肘子应跟葱段甜面酱味碟，并带荷叶饼。 ( )

34．江苏菜中的高丽鱼条应跟用花椒盐味碟。 ( )

35．北京菜中的油爆双脆应跟用三合油。 ( )

36．东北菜中的串炸飞龙应跟用咸鲜调味汁味碟。 ( )

37．清真菜中的手抓羊肉应跟用酱油、香菜末、鲜辣椒末及葱姜、蒜末调制的味汁。 ( )

38．福建菜中的干炸凤尾虾，应跟甜面酱味碟。 ( )

39．任何地方的菜肴，其佐料的跟用都应做到因菜制宜和因地制宜。 ( )

40．西餐中的沙拉油汁呈黄色，酸滑微辣，可用于冷菜和少量热菜。 ( )

41．美国少司的特点是呈玫瑰红色，鲜香味浓，适用于鱼、虾等菜肴。 ( )

42．胡椒少司的特点为奶黄色，鲜、肥。 ( )

43．酸豆少司的特点为乳白色带黑点，香浓带酸。 ( )

44．酸豆少司适用于煮沸的羊肉、羊脑和部分野味。 ( )

45．宴会厅餐桌桌位的安排，要根据餐厅的形状、餐厅内陈设的特点、主办人对宴会的要求及就餐人数进行。 ( )

46．1 厅 1 桌的宴会安排，餐桌应置于餐厅的一侧位置。 ( )

47．1 厅 2 桌的宴会安排，应根据餐厅的形状及灯的位置而定。 ( )

48．宴会餐桌安排应做到合理、美观、整齐、大方，餐桌排列要突出主宾席。 ( )

49．欧美地区的大部分人信仰基督教，他们忌讳数字“13”。 ( )

50．工作台是餐厅服务员站立服务的岗位标志。 ( )

51．中餐宴会安排时，第一客人与第二客人应分别在第一主人与第二主人的左侧。( )

52．中餐宴会安排时，第一客人位与第二客人位的左侧分别为翻译席。 ( )

53．中餐宴会安排时，第三客人位与第四客人位应分别在第一主人位与第二主人位的右侧。 ( )

54．中餐宴会安排时，大中型宴会往往只安排主桌席位位次，其他宾客则按桌次就位即可。 ( )

55．中餐宴会安排时，多桌宴会的宾主坐位与单桌宴会的宾主坐位基本相同。 ( )

56．中餐宴会安排时，餐台与餐台之间的距离一般不得小于 1.5 m。 ( )

57．安排西餐单桌宴会时习惯于男女穿插，也可以根据宾客的习惯，将主宾夫人与主宾安排在一起。 ( )

58．西餐铺台，在铺“一”字形台时，餐厅服务员应站于餐台的长侧边外。 ( )

59．西餐宴会过程中的酒水服务顺序为餐前酒、白葡萄酒、红葡萄酒、香槟酒和餐后酒。 ( )

60．餐厅服务员在西餐上菜服务时，要严格遵循从客人左侧上菜的原则。 ( )

61．法式宴会服务属贵族式服务，对餐厅服务员的要求很严格。 ( )

62．法式宴会的上菜方式是餐台分让式。 ( )

63．俄式宴会服务需要技术熟练、经验丰富的餐厅服务员。（ ）

64．在斟倒加温或冷却的酒水时，要将盛装酒水的盛器用巾布进行包垫，然后方可进行斟倒。（ ）

65．斟倒加温酒时，要在客人入座后，进行斟酒服务。（ ）

66．斟倒冰镇酒水，要在客人入座时进行。（ ）

67．用木塞封酒，在日常存放时，应将酒瓶口朝下。（ ）

68．酒水、饮料在日常保管中一定要注意其保质期。（ ）

69．顾客提出餐厅代为保管开封斟用过的余酒时，餐厅服务员应重新封瓶。（ ）

70．在特殊酒水斟倒服务中，要求餐厅服务员做到：确认酒水品牌，正确选用饮酒用具，熟练掌握斟酒标准。（ ）

71．分菜所需的工具、用具有餐刀、餐叉、餐勺、筷子、汤匙、垫盘、巾布等。（ ）

72．餐厅服务员端托展示菜肴时，应用右手端托、左手扶托。（ ）

73．端托展示菜肴时，餐厅服务员站立的位置应是第一主宾或第一主人视线的最佳位置。（ ）

74．端托展示菜肴时餐厅服务员可选在第一主人或第一客人的斜对面位置。（ ）

75．分菜的顺序为主宾、副主宾、主人，然后按顺时针方向依次进行。（ ）

76．用分让式餐台分菜时，餐厅服务员应站在宾客的右侧。（ ）

77．分菜服务时，餐厅服务员站立要稳，不可斜靠于客人身上。（ ）

78．分菜服务时，餐厅服务员应把握好数量，做到分让均等。（ ）

79．分菜服务时，餐厅服务员可同时将一勺（叉）菜分予两位客人。（ ）

80．老年人多的宴会，餐厅服务员在分菜服务时，应采取慢分慢撤的方法。（ ）

81．法式分菜服务所需用具有服务车、分割切板、刀、叉及分调味汁的叉、勺。（ ）

82．餐厅服务员从事分菜服务时的动作、姿势应始终保持利落、优雅，并做到反应快速准确。（ ）

83．餐厅用于制作整形鱼菜肴所用的淡水鱼有鲤鱼、鲫鱼、鲩鱼、鳜鱼等。（ ）

84．餐厅用于制作整形鱼菜肴所用的海水鱼有黄鱼、海红斑鱼、石斑鱼、比目鱼等。（ ）

85．淡水鱼的骨刺小且软，肉质细嫩，制熟后骨肉易分离，鱼肉不易散。（ ）

86．虽然鱼的烹调方法不同，但分鱼服务的方法基本相同。（ ）

87．分糖醋鱼时，不可带骨分用。（ ）

88．分干烧、红烧、清蒸整鱼时，不可带骨分用。（ ）

89．餐厅服务员在分鱼服务时，餐刀、叉、勺使用手法要得当，不得发出声响。（ ）

90．餐厅服务员在分拆整鸡时，鸡头与鸡尾应保持完整，都可作分菜装盘内容。（ ）

91．餐厅服务员应用餐刀、餐叉、餐勺配合，拆分盘龙鳝菜肴。（ ）

92．餐厅服务员在分上汤焗龙虾时可将虾壳一同分用。（ ）

93．餐具按饮食习惯划分，可分为中餐餐具和西餐餐具。（ ）

94．银器的清洁步骤通常是冲洗、配药、浸泡、二次冲洗、消毒。（ ）

95．餐厅服务员无须了解餐具的品名、规格及配用原则。（ ）

96．餐具按不同的质地划分，可分为瓷器餐具和玻璃餐具等。（ ）

97. 餐厅一般以瓷器餐具使用最为普遍，因其种类繁多、花色各异、各有功用。(　　)

98. 瓷器餐具按其种类、形状、用途可分为古子、品锅、海碗等。(　　)

99. 传统的中式酒具多以各种玻璃质地的为主。(　　)

100. 西餐酒具有波尔多酒杯、阿尔萨斯酒杯、威士忌酒杯、伏特加酒杯等。(　　)

101. 餐厅一般用于盛装米饭的饭碗直径为 23 cm。(　　)

102. 在西餐餐厅，餐厅服务员在服务主菜时应配有大汤勺。(　　)

103. 在西餐餐厅，餐厅服务员在服务沙拉时，应配有甜叉、甜勺及水果刀、叉。(　　)

104. 银器不使用时，可以不做保养。(　　)

(二) 单项选择题 下列每题有 4 个选项，其中只有 1 个选项是正确的，请将正确答案的代号填在横线空白处。

1. ______服务是指餐厅服务员以高尚的道德修养，对服务过程中出现的各种情况和问题做到恰当理智地处理。

A. 热心　B. 耐心　C. 细心　D. 关心

2. ______服务是指餐厅服务员在语言表达、服务态度、用餐照顾等全过程服务中，要处处为宾客提供方便。

A. 主动　B. 热情　C. 耐心　D. 周到

3. 餐厅服务员在服务西式早餐时，应在客人就座后马上服务______。

A. 咖啡或红茶　B. 咖啡或花茶　C. 咖啡或乌龙茶　D. 咖啡或奶茶

4. 餐厅服务员要以自己______的服务，去赢得宾客的信誉。

A. 主动　B. 热情　C. 熟练　D. 微笑

5. 通过餐厅服务员的______服务，可让客人感到满意。

A. 热情　B. 娴熟　C. 主动　D. 周到

6. 使用______，可以表现出餐厅服务员对宾客的谦虚恭敬。

A. 耐心语言　B. 热情语言　C. 欢迎语言　D. 礼貌语言

7. 使用______，目的在于给客人欢乐与轻松的感觉。

A. 协调语言　B. 欢快语言　C. 热情语言　D. 周到语言

8. 使用______，可以使服务的声、情、意、行相互配合，协调统一，达到最佳服务效果。

A. 协调语言　B. 温柔语言　C. 礼貌语言　D. 耐心语言

9. 在餐厅备有针线和旅游交通图，属于______。

A. 直接服务　B. 热情服务　C. 常规服务　D. 超常服务

10. 主动、热情、耐心、周到地服务，可表现出一个餐厅服务员______和良好的职业道德。

A. 良好的思想境界　B. 高尚的思想境界

C. 崇高的思想境界　D. 良好道德的思想境界

11. 餐巾是餐桌上的普通用品，餐巾折花是一种______。

A. 艺术作品　B. 工艺作品　C. 美术作品　D. 装饰作品

12. 举办大型宴会，要折叠______的花和叶，折叠的花形要简单挺括，突出主人和主宾。

A. 不同　B. 多种　C. 统一　D. 异样

13．光线柔和或光线偏暗的厅堂，适用于折______餐巾花。

A．浅色　B．粉色　C．亮色　D．白色

14．光线明亮的厅堂适用于折______餐巾花。

A．白色　B．红色　C．紫色　D．粉色

15．餐巾折花的造型与宴会的主题内容应______。

A．协调一致　B．遥相呼应　C．整齐划一　D．千姿百态

16．桌裙的长度以其底边离地面______为宜。

A．5 cm　B．10 cm　C．15 cm　D．20 cm

17．佐料跟用的常见形式有______种。

A．3　B．5　C．7　D．9

18．粤菜中的白灼海虾类应跟用______味碟。

A．辣味酱汁　B．咸味酱汁　C．海鲜酱汁　D．红醋酱汁

19．粤菜中的烩五丝蛇羹，应跟用______味碟。

A．黑胡椒粉　B．白胡椒粉　C．花椒粉　D．姜粉

20．上海菜中的软炸鱼丁应跟用______味碟。

A．辣酱油　B．三合油　C．花椒盐　D．白胡椒

21．上海菜中的脆鳝应跟用______味碟。

A．鲜葱丝　B．辣椒丝　C．鲜姜丝　D．咸菜丝

22．福建菜中的干炸童子鸡应跟用______味碟。

A．花椒盐　B．辣酱油　C．甜面酱　D．潮州甜酱

23．西餐中的鸡尾汁呈粉红色，肥润略酸辣微______。

A．咸　B．辣　C．苦　D．甜

24．在餐桌布局中，多桌宴会餐桌之间的距离应不小于______。

A．1 m　B．1.2 m　C．1.5 m　D．2 m

25．在布置多桌宴会时，餐桌间的通道应不小于______。

A．1 m　B．1.2 m　C．1.5 m　D．2 m

26．三文鱼切片时，每片鱼的厚度为______。

A．0.1 cm　B．0.2 cm　C．0.3 cm　D．0.4 cm

27．三文鱼装盘时，每份应为______。

A．2片　B．3片　C．4片　D．5片

28．粉色口布配______台布，用于喜庆婚宴时，可显示出色调柔美、兴奋热烈的气氛。

A．白色　B．粉色　C．红色　D．黄色

29．盖碗茶具的茶碗底托直径为______，高2.5 cm。

A．5.5 cm　B．8.7 cm　C．9.8 cm　D．10.3 cm

30．餐厅一般习惯用直径______的碗盛装面食。

A．11 cm　B．15 cm　C．19 cm　D．23 cm

31．餐厅通常用直径______的碗盛装汤或甜食菜。

A．7 cm　B．9 cm　C．11 cm　D．23 cm

32．西餐餐厅服务甜品如蛋糕、冰激凌、水果时，应配有甜叉、甜勺及______。

A．水果刀、叉　B．点心刀、叉　C．沙拉刀、叉　D．黄油刀、叉

33．清洁银器时，可先将银器放入药液中浸泡 20 ~ 30 min，重污可浸泡______。

A．30 ~ 40 min　B．40 ~ 50 min　C．50 ~ 60 min　D．60 ~ 70 min

（三）**多项选择题**　下列每题有 4 个选项，其中至少有 2 个选项是正确的，请将正确答案的代号填在横线空白处。

1．中餐宴会铺放台布有______多种。

A．单层式　B．双层式　C．三层式　D．多层式

2．植物类佐料有葱、姜、蒜及______等。

A．菊花　B．香菜　C．韭菜　D．豆苗

3．四川菜中的椒盐八宝鸭应跟用______味碟。

A．甜面酱　B．糖醋生菜　C．椒盐　D．三合油

4．四川菜中的软炸酥方应跟用______味碟。

A．醋　B．花椒盐　C．生菜　D．葱

5．山东菜中的清蒸蟹应跟用______味碟。

A．三合油　B．辣酱油　C．葱末　D．姜末

6．粤菜中的清蒸羔蟹应跟用______味碟。

A．浙江大红醋　B．三合油　C．姜茸　D．姜汁

7．粤菜中的菜片炒鸽松应跟用______味碟。

A．菜片　B．甜面酱　C．海鲜酱　D．甜酱油

8．江苏菜中的炸虾球应跟用______味碟。

A．番茄酱　B．甜面酱　C．胡椒盐　D．花椒盐

9．江苏菜中的炸响铃应跟用______味碟。

A．姜丝　B．葱白　C．甜面酱　D．花椒盐

10．北京菜中的沙锅羊头应跟用______味碟。

A．姜末　B．蒜泥　C．白胡椒粉　D．香菜

11．北京菜中的凉拌肚丝应跟用______味碟。

A．辣椒油　B．三合油　C．胡椒粉　D．水发芥末

12．上海菜中的焦香鱼茸应跟用______味碟。

A．花椒盐　B．蒜茸　C．番茄少司　D．番茄酱

13．东北菜中的脆皮鹌鹑应跟用______味碟。

A．三合油　B．辣椒油　C．蒜泥汁　D．芥末汁

14．东北菜中的香酥飞龙应跟用______味碟。

A．麻辣盐　B．花椒盐　C．酸梅酱　D．果酱

15．清真菜中的西法大虾应跟用______味碟。

A．花椒盐　B．华盐　C．辣酱油　D．三合油

16．福建菜中的红烧明翅应跟用______味碟。

A．三合油　B．水发芥末　C．大红浙醋　D．镇江醋

17．福建菜中金钱蟹应跟用______味碟。

A．姜米醋　B．三合油　C．番茄酱　D．辣酱油

18．福建菜中的干炸大蚝应跟用______味碟。

A．甜面酱　B．花生酱　C．芥末酱　D．豉汁

19．安徽菜中的椒盐鸡尾应跟用______味碟。

A．三合油　B．花椒盐　C．寸葱白段　D．甜面酱

20．安徽菜中的网油桂鱼应跟用______味碟。

A．辣椒油　B．三合油　C．番茄酱　D．甜面酱

21．西餐中的法国汁口感______，适用于新鲜蔬菜沙拉。

A．微甜　B．清爽　C．微酸辣　D．无油腻

22．西餐中蒙内少司的特点是______。

A．奶黄色　B．鲜　C．嫩爽　D．肥

23．白葡萄酒少司的特点是______，适用于鱼类菜。

A．甜　B．香　C．浓　D．咸

24．诺曼底少司的特点是______。

A．淡黄色　B．奶黄色　C．香　D．浓

25．分鱼、禽类菜肴时，用______相互配合操作。

A．餐刀　B．筷子　C．餐叉　D．餐勺

26．分炒菜时，应使用______配合操作。

A．餐勺　B．餐叉　C．筷子　D．长把汤勺

27．海水鱼的骨刺较大且硬，其肉质较______。

A．洁白　B．细腻　C．脆爽　D．滑爽

28．瓷器的消毒方法通常有______。

A．蒸汽消毒　B．干热消毒　C．煮沸消毒　D．化学消毒

29．中餐餐厅常用的各种杯具有水杯、红酒杯、白酒杯和______。

A．可乐杯　B．黄酒杯　C．啤酒杯　D．香槟杯

30．西餐酒具按质地可划分为______等多种。

A．金银器酒杯　B．瓷酒杯　C．玻璃酒杯　D．锡器酒杯

31．黄色口布配黄色台布多用于向老人祝寿的宴会上，给人以______感觉。

A．富丽堂皇　B．庄严隆重　C．长命百岁　D．色调柔美

三、技能试题

第一题　单人操作服务香槟酒

1. 内容及操作要求

独立完成6人用香槟酒的服务。要求：①做好斟酒前的准备工作；②准备工作顺序、方法正确，动作娴熟；③操作中符合卫生要求及安全、准确的规定。

2. 准备工作

准备尖嘴钳1把，开酒刀1把，巾布1块，冰酒桶1个（内装有冰块及冰水），香槟酒杯6个。

3. 考核时限

（1）基本时间　准备时间2 min，正式操作时间5 min。

（2）时间允差　每超过限定时间1 min从总分中扣1分，不足1 min按1 min计算，超过5 min此项不得分。

4. 评分项目及标准（见表Ⅲ—2）

表Ⅲ—2

序号	评分要素	配分	评分标准	得分	备注
1	做好开酒前的准备工作	10	①工具不全扣5分； ②工具不标准扣5分		
2	开启酒水	40	①握瓶姿势不标准扣5分； ②左手大拇指不压塞顶扣4分； ③去掉金属丝手法不规范扣4分； ④去金属铂手法不规范扣4分； ⑤开启瓶塞手法不规范扣8分； ⑥开瓶后持瓶角度不规范扣5分； ⑦未清洁瓶口扣5分； ⑧未检查瓶塞扣5分		
3	斟酒服务	50	①不符合标准，1杯扣5分； ②洒一滴酒扣2分； ③洒酒多扣3分； ④斟酒姿势不规范扣5分； ⑤不符合卫生标准扣5分		

第二题　单人操作分菜服务

1. 内容及操作要求

独立完成10人用中餐菜肴的分菜服务。要求：①做好分菜前的准备工作；②分菜服务方法正确，动作娴熟；③操作中符合卫生要求；④符合安全、准确的规定要求。

2. 准备工作

准备骨碟 10 个，分菜叉、勺各 1 把，托盘 1 个，菜肴 1 份，餐桌 1 张，接手台 1 个。

3. 考核时限

(1) 基本时间　准备时间 3 min，正式操作时间 5 min。

(2) 时间允差　每超过限定时间 1 min 从总分中扣 3 分，不足 1 min 按 1 min 计算，超过 5 min 此项不得分。

4. 评分项目及标准（见表Ⅲ—3）

表Ⅲ—3

序号	评分要素	配分	评分标准	得分	备注
1	做好分菜前的准备工作	15	①分菜餐具准备不足扣 5 分； ②分菜工具准备不足扣 5 分； ③分菜前未做菜肴展示扣 5 分		
2	分菜服务	35	①不能正确使用分菜用具扣 10 分； ②分菜错位扣 10 分； ③分菜顺序错扣 10 分； ④分菜姿势不规范扣 5 分		
3	分菜标准	50	①分菜数量不匀扣 10 分； ②分菜入盘动作不准确扣 10 分； ③分菜余量不合适扣 10 分； ④分菜不符合卫生标准扣 10 分； ⑤分菜中汤汁洒落扣 10 分		

第三题　单人操作中餐分鱼

1. 内容及操作要求

独立完成中餐分 10 份鱼的服务。要求：①做好分鱼前的准备工作；②分鱼方法正确，动作娴熟；③操作中符合卫生、安全、准确的规定要求。

2. 准备工作

(1) 用具准备　鱼盘 1 个，鱼刀、叉、勺各 1 把（规格一样），骨碟 10 个。

(2) 物品准备　750 克鲩鱼（或鲤鱼）1 尾，清蒸。

3. 考核时限

(1) 基本时间　准备时间 2 min，正式操作时间 5 min。

(2) 时间允差　每超过限定时间 1 min 从总分中扣 3 分，不足 1 min 按 1 min 计算，超过 5 min 此项不得分。

4. 评分项目及标准（见表Ⅲ—4）

表Ⅲ—4

序号	评分要素	配分	评分标准	得分	备注
1	做好分鱼前的准备工作	15	①鱼刀、叉、勺准备不齐扣 5 分； ②骨碟准备不齐扣 5 分； ③动作不娴熟扣 5 分		

续表

序号	评分要素	配分	评分标准	得分	备注
2	分鱼服务	65	①未做分鱼前展示扣5分； ②剔切鱼骨不完整扣10分； ③鱼骨挂肉扣10分； ④去骨鱼形不完整扣15分； ⑤10等份鱼不均匀扣25分		
3	卫生	20	①分鱼过程中汤汁洒落餐台或接手台上扣10分； ②骨碟周围不洁扣10分		

四、模 拟 试 卷

知识考核模拟试卷

（一）**判断题** 下列判断正确的请打“√”，错误的请打“×”（每题1分，共30分）。

1．道德是一定社会、一定阶级向人们提出的处理个人和个人、个人和社会之间各种关系的一种特殊的行为规范。（ ）

2．职业道德覆盖面最广，影响力最大，对人的道德素质形成有决定性作用。（ ）

3．食品卫生标准、卫生管理办法和企业卫生规范等技术性法规应尽量采用《食品卫生法》的标准。（ ）

4．红外线灭菌适用于对食品超净车间、冷菜间和饮用水消毒。（ ）

5．礼貌是人们在相互交往中通过语言、表情、行为、态度表示相互尊重和友好的言行规范。（ ）

6．在服务活动中，餐厅服务员对客人的手势、表情、体姿甚至位置、距离都会表达出特定的含义。（ ）

7．江苏人习惯食用味浓、油重、鲜咸、香辣、原汁原味的菜品。（ ）

8．杂是河北人饮食习俗的显著特点，例如张家口以北地区，人们的日常食物以莜面为主，白水煮肉蘸醋食之。（ ）

9．庐山云雾茶和宁红茶都是上等的四川名茶。（ ）

10．使用酒精炉时，可先点燃酒精后再上桌。（ ）

11．热情服务需要餐厅服务员细心体察宾客需要，自然微笑，使客人感到亲切温暖。（ ）

12．餐厅服务员能否主动地为宾客服务，将直接影响到企业形象。（ ）

13．对酗酒的客人，餐厅服务员要阻止其继续饮酒。（ ）

14．在早餐接待准备工作中，餐厅的清洁卫生工作包括清洗餐酒用具。（ ）

15．餐厅服务员在向客人介绍当天的点心品种时，要有意识地推销菜品。（ ）

16．在西式早餐服务中，餐厅服务员应适时为客人添加咖啡或红茶。（ ）

17．中小型宴会的餐巾折花要精细，做到一人一样。（ ）

18．板式菜单上的菜肴食品都是餐厅长年固定销售的品种。（ ）

19．餐桌配有桌裙是较高档的餐厅颇为流行的一种铺台方法。（ ）

20．佐料是指烹调时用来增加滋味和气味的调味品。（ ）

21．江苏菜中的高丽鱼条应跟用花椒盐味碟。（ ）

22．清真菜中的手扒羊肉应跟用酱油、香菜末、鲜辣椒末及葱姜蒜末调制的味汁。（ ）

23．欧美地区的大部分人信仰基督教，他们忌讳数字“13”。（ ）

24．餐厅服务员服务冰镇酒水时，要在客人入座前斟倒。（ ）

25．采用分让式餐台分菜时，餐厅服务员应站在宾客的右侧。 （ ）

26．法式分菜服务所需用具有服务车、分割切板、刀、叉及调味汁的叉、勺。 （ ）

27．餐厅用于制作整形鱼菜肴所用的淡水鱼有鲤鱼、鲫鱼、鲩鱼、鳜鱼等。 （ ）

28．餐厅服务员分糖醋鱼时，不可带骨分用。 （ ）

29．餐厅服务员端托展示菜肴时，应用右手端托、左手扶托。 （ ）

30．餐厅服务员分拆整鸡时，鸡头与鸡尾应保持完整，都应作为分菜装盘内容。（ ）

（二）**单项选择题** 下列每题有4个选项，其中只有1个选项是正确的，请将正确答案的代号填在横线空白处（每题1分，共40分）。

1．职业生活有连续性的特点，因此接受职业道德教育是一种______。

A．长期教育 B．连续教育 C．阶段教育 D．终身教育

2．如今______已成为时代新潮流。

A．知识服务 B．特殊服务 C．优质服务 D．技能服务

3．煮沸消毒指的是物品在100℃的沸水中煮______，可有效杀灭微生物繁殖体。

A．8 ~ 10 min B．6 ~ 8 min C．4 ~ 6 min D．3 ~ 5 min

4．生产食品必须报______，经批准后方可生产经营。

A．企业质检部门 B．地方主管部门 C．卫生监督部门 D．卫生部

5．礼仪是表示______而举行的隆重仪式。

A．尊重 B．礼节 C．敬重 D．敬意

6．行销海内外的乌龙茶极品——“铁观音”在______特产中独树一帜。

A．福建 B．江苏 C．江西 D．广东

7．苗族人有用______迎贵宾的习俗。

A．大碗盛酒 B．酒杯盛酒 C．牛角盛酒 D．小碗盛酒

8．圣诞节餐桌上必不可少的主菜是______。

A．牛肉 B．火鸡 C．羊肉 D．水产品

9．湖南菜距今已有______多年的历史，它不仅品种多，而且风味独特。

A．1 300 B．1 500 C．2 300 D．2 500

10．端送火候菜肴或急需物品时，应用______。

A．碎步 B．常步 C．巧步 D．疾步

11．托盘起托后，大臂应呈垂直状，大臂与小臂保持______。

A．80° B．85° C．90° D．95°

12．低度酒指乙醇含量在______以下的饮料酒，这类酒刺激性小。

A．17° B．18° C．19° D．20°

13．强化葡萄酒是在酒制作过程中加入了______。

A．雪利酒 B．波特酒 C．朗姆酒 D．白兰地

14．白兰地酒标上用______标符表示其酒的陈酿时间为12 ~ 14年。

A．“VO” B．“VSP” C．“VSOP” D．“XO”

15．餐厅服务员向客人介绍菜品的特色，可以提高客人的______。

A．认知率 B．认同率 C．认可率 D．认选率

16．______服务是指餐厅服务员以高尚的道德修养，对服务过程中出现的各种情况和问

题进行恰当理智地处理。

A．热心　B．耐心　C．细心　D．关心

17．______服务是指餐厅服务员在语言表达、服务态度、用餐照顾等全过程服务中，要处处为宾客提供方便。

A．主动　B．热情　C．耐心　D．周到

18．餐厅服务员服务西式早餐时，应在客人就座后马上服务______。

A．咖啡或红茶　B．咖啡或花茶　C．咖啡或乌龙茶　D．咖啡或奶茶

19．通过餐厅服务员______的服务，可以让客人达到满意的目的。

A．热情　B．娴熟　C．主动　D．周到

20．使用______，可以表现出餐厅服务员对宾客的谦虚和恭敬。

A．耐心语言　B．热情语言　C．欢迎语言　D．礼貌语言

21．使用______，可以使服务的声、情、意、行相互配合，协调统一，达到最佳服务效果。

A．协调语言　B．温柔语言　C．礼貌语言　D．耐心语言

22．在餐厅备有针线和旅游交通图，属于______。

A．直接服务　B．热情服务　C．常规服务　D．超常服务

23．主动热情、耐心周到地服务，表现了一个餐厅服务员______和良好的职业道德。

A．良好的思想境界　B．高尚的思想境界

C．崇高的思想境界　D．美好的思想境界

24．餐巾是餐桌上的普通用品，餐巾折花是一种______。

A．艺术作品　B．生活作品　C．美术作品　D．装饰作品

25．在光线柔和或光线偏暗的厅堂，适宜使用______餐巾。

A．浅色　B．红色　C．紫色　D．粉色

26．餐巾折花的造型与宴会的主题内容应______。

A．协调一致　B．遥相呼应　C．整齐划一　D．千姿百态

27．桌裙的长度以其底边离地面______为宜。

A．5 cm　B．10 cm　C．15 cm　D．20 cm

28．佐料跟用的常见形式有______种。

A．3　B．5　C．7　D．9

29．粤菜中的烩五丝蛇羹应跟用______味碟。

A．黑胡椒粉　B．白胡椒粉　C．花椒粉　D．姜粉

30．上海菜中的脆鳝应跟用______味碟。

A．鲜葱丝　B．辣椒丝　C．鲜姜丝　D．咸菜丝

31．西餐中的鸡尾汁呈粉红色，肥润略酸辣，微______。

A．咸　B．辣　C．苦　D．甜

32．在餐桌布局中，多桌宴会餐桌之间的距离应不小于______。

A．1 m　B．1.2 m　C．1.5 m　D．2 m

33．切三文鱼时，每层鱼的厚度为______。

A．0.1 cm　B．0.2 cm　C．0.3 cm　D．0.4 cm

34．粉色口布配______台布，常用于喜庆婚礼宴会，可显示出色调柔美、兴奋热烈的气氛。

A．白色　B．粉色　C．红色　D．黄色

35．餐厅一般习惯用直径______的碗盛装面食。

A．11 cm　B．15 cm　C．19 cm　D．23 cm

36．西餐餐厅服务甜品如蛋糕、冰激凌、水果时，应配有甜叉、甜勺及______。

A．水果刀叉　B．点心刀叉　C．沙拉刀叉　D．黄油刀叉

37．如果清洁银器，可先将银器放入药液中浸泡 20～30 min，重污可浸泡______。

A．30～40 min　B．40～50 min　C．50～60 min　D．60～70 min

38．主动服务是指满足宾客到餐厅用餐需求而采取的______。

A．管理手段　B．有效措施　C．方式方法　D．纪律要求

39．一份好的菜单可以充分展示出一个餐厅的______。

A．风味和特色　B．售价和成本　C．优势和个性　D．花样和品种

40．酒水服务时，香槟酒的开启方法与其他酒的开启方法______。

A．可同可不同　B．相同　C．不同　D．大致相同

（三）**多项选择题**　下列每题有 4 个选项，其中至少有 2 个选项是正确的，请将正确答案的代号填在横线空白处（每题 1 分，共 30 分）。

1．职业道德的养成，要从______开始。

A．忠于职守　B．爱岗敬业　C．热爱本职　D．社会责任

2．纪律和______一样是按照事物发展规律制定出来的一种约束人们行为的规范。

A．道德　B．法律　C．政策　D．法规

3．食品是人类赖以生存的物质基础，它必须具备______的基本条件。

A．无毒无害　B．色、香、味、形　C．引人食欲　D．有益健康

4．食物中毒根据其病原的种类可分为______。

A．微生物食物中毒　B．化学食物中毒

C．有毒动植物食物中毒　D．不明原因食物中毒

5．社会主义道德建设的重点就是要抓______建设。

A．企业制度　B．社会公德　C．经济效益　D．职业道德

6．甘肃人食肉方法多，常见的有______。

A．牛、羊肉泡馍　B．番茄鸡　C．牛、羊杂碎　D．通心河鳗

7．______是英国人常喝的饮料。

A．咖啡　B．啤酒　C．红茶　D．可可

8．掌握______的语境，是做好敬语服务的根本途径。

A．适人　B．适时　C．适地　D．适度

9．浙江菜由杭州菜及______菜组成，其中以杭州菜为代表。

A．苏州　B．宁波　C．绍兴　D．南京

10．西餐摆台需用的餐具有______。

A．冷菜刀　B．酒具　C．主菜刀　D．冷菜盘

11．软饮料按其主要功能可分为______。

A．普通饮料　B．矿泉水饮料　C．运动饮料　D．保健饮料

12．用写实型命名的菜品又可分为______等。

A．原料写实型　　B．烹调方法写实型

C．食用方法写实型　　D．人名写实型

13．中餐宴会准备中，铺放台布有______。

A．单层式　B．双层式　C．三层式　D．多层式

14．植物类佐料有葱、姜、蒜及______等。

A．菊花　B．香菜　C．韭菜　D．豆苗

15．四川菜中的软炸酥方应跟用______味碟。

A．醋　B．花椒盐　C．生菜　D．葱

16．山东菜中的清蒸蟹应跟用______味碟。

A．三合油　B．辣酱油　C．葱末　D．姜末

17．北京菜中的沙锅羊头应跟用______味碟。

A．姜末　B．蒜泥　C．白胡椒粉　D．香菜

18．上海菜中的焦香鱼茸应跟用______味碟。

A．花椒盐　B．蒜茸　C．番茄少司　D．番茄酱

19．福建菜中的干炸大蚝应跟用______味碟。

A．三合油　B．花椒盐　C．寸葱段　D．甜面酱

20．安徽菜中的椒盐鸡尾应跟用______味碟。

A．三合油　B．花椒盐　C．寸葱白段　D．甜面酱

21．西餐中的法国汁口感______，适用于新鲜蔬菜和沙拉。

A．微甜　B．汁爽　C．微酸辣　D．无油腻

22．西餐中的蒙内少司的特点是______。

A．奶黄色　B．鲜　C．嫩爽　D．肥

23．诺曼底少司的特点是______。

A．淡黄色　B．奶黄色　C．香　D．浓

24．分鱼、禽类菜肴时用______相互配合操作。

A．餐刀　B．筷子　C．餐叉　D．餐勺

25．海水鱼的骨刺较大且硬，其肉质较______。

A．洁白　B．细腻　C．脆爽　D．滑爽

26．瓷器的消毒方法通常有______。

A．蒸汽消毒　B．干热消毒　D．煮沸消毒　D．化学消毒

27．餐厅服务员分菜时，应使用______配合操作。

A．餐勺　B．餐叉　C．筷子　D．长把汤勺

28．中餐餐厅常用的各种杯具有水杯、红酒杯、白酒杯和______。

A．可乐杯　B．黄酒杯　C．啤酒杯　D．香槟杯

29．西餐酒具按质地可划分为______等多种。

A．金银器酒杯　B．瓷酒杯　C．玻璃酒杯　D．锡器酒杯

30．黄色口布配黄色台布多用于给老人祝寿的宴席上，给人以______的感觉。

A．富丽堂皇　B．庄严隆重　C．长命百岁　D．色调柔美

五、参考答案

知识试题

(一) 判断题

1.√	2.√	3.√	4.√	5.×	6.√	7.√	8.×	9.×	10.×
11.×	12.×	13.√	14.√	15.×	16.√	17.×	18.√	19.×	20.×
21.√	22.×	23.√	24.√	25.√	26.×	27.√	28.×	29.√	30.√
31.√	32.√	33.√	34.×	35.×	36.√	37.√	38.×	39.√	40.√
41.√	42.√	43.√	44.√	45.√	46.×	47.×	48.√	49.√	50.√
51.×	52.×	53.×	54.√	55.×	56.×	57.√	58.√	59.√	60.×
61.√	62.×	63.√	64.√	65.×	66.√	67.√	68.√	69.√	70.√
71.√	72.×	73.√	74.√	75.√	76.×	77.√	78.√	79.×	80.×
81.√	82.√	83.√	84.√	85.√	86.×	87.×	88.√	89.√	90.×
91.√	92.×	93.√	94.√	95.×	96.√	97.√	98.×	99.×	100.√
101.×	102.×	103.×	104.×						

(二) 单项选择题

1.B	2.D	3.A	4.A	5.C	6.D	7.B	8.A	9.D	10.C
11.A	12.C	13.D	14.D	15.B	16.B	17.B	18.A	19.B	20.C
21.C	22.D	23.D	24.C	25.B	26.B	27.B	28.B	29.D	30.D
31.B	32.A	33.C							

(三) 多项选择题

1.ABC	2.ABCD	3.BC	4.ABCD	5.AD	6.AC	7.AC	8.AD
9.BCD	10.BCD	11.BD	12.AC	13.BD	14.AD	15.AC	16.BD
17.CD	18.ACD	19.BCD	20.AC	21.BCD	22.ABD	23.BC	24.BCD
25.ACD	26.ABCD	27.BD	28.ABCD	29.BC	30.ABC	31.AC	

知识考核模拟试卷

(一) 判断题

1.√	2.√	3.×	4.×	5.√	6.√	7.×	8.×	9.×	10.×
11.√	12.√	13.×	14.×	15.×	16.√	17.√	18.√	19.√	20.√
21.×	22.√	23.√	24.×	25.×	26.√	27.√	28.×	29.√	30.×

（二）单项选择题

1.D	2.A	3.D	4.D	5.D	6.A	7.D	8.B	9.C	10.D
11.C	12.C	13.D	14.B	15.D	16.B	17.D	18.A	19.C	20.D
21.A	22.D	23.C	24.A	25.D	26.B	27.B	28.B	29.A	30.C
31.D	32.C	33.B	34.B	35.D	36.A	37.C	38.B	39.C	40.C

（三）多项选择题

1.AB	2.BCD	3.ABC	4.ABCD	5.BD	6.AB	7.AC	8.ABCD
9.BC	10.ACD	11.ABCD	12.ABC	13.ABC	14.ABCD	15.ABCD	16.AB
17.BCD	18.AC	19.BCD	20.BCD	21.BCD	22.ABD	23.BCD	24.ACD
25.BD	26.ABCD	27.ABCD	28.BC	29.ABC	30.AC		

第四部分　高级餐厅服务员

一、学习要点

表Ⅳ—1

工作内容	学习要点	重要程度
接待服务	1. 做好针对性接待服务	掌握
	2. 运用语言艺术提供优雅服务	熟知
	3. 西餐零点服务的特点	了解
	4. 西餐零点服务程序	掌握
摆台服务	1. 中高档宴会的餐厅布置	了解
	2. 中高档中餐宴会摆台	掌握
	3. 中高档西餐宴会及零点摆台	掌握
	4. 中西餐宴会餐台插花	熟知
	5. 冷餐会、自助餐、鸡尾酒会摆台	了解
宴会服务	1. 高档酒水知识	掌握
	2. 鸡尾酒服务知识	了解
	3. 名菜名点服务	掌握
	4. 茶艺服务	掌握
	5. 营养配餐	熟知
	6. 宴会菜单	熟知
高档餐、酒用具的使用保管	1. 酒吧常用酒杯的种类	熟知
	2. 高档玻璃餐、酒具的清洁保养	了解
	3. 高档装饰性器皿的保养	了解
餐厅管理	1. 餐饮企业用工管理	了解
	2. 影响餐饮企业人员定额定编的因素	掌握
	3. 协调管理	掌握
	4. 餐饮服务中特殊问题的处理方法	熟知
培训与指导	1. 培训的内容	了解
	2. 培训的步骤与方法	掌握
	3. 新服务员岗位培训	了解
	4. 知识培训与技能培训	熟知

二、知识试题

（一）**判断题** 下列判断正确的请打"√"，错误的请打"×"。

1．对性急求快的就餐宾客在上菜时要突出一个"快"字，这类客人一般在价格、品种上比较计较。（ ）

2．对于寻求环境优雅的客人，应突出"文化"二字的服务。（ ）

3．满足宾客受尊重的心理，要突出一个"敬"字。（ ）

4．竭诚为宾客服务，要突出一个"超"字。（ ）

5．客人的情感因素对餐饮企业经营成效具有十分重要的意义。（ ）

6．零点菜单内应包括所有零点厨房能提供的食品。（ ）

7．零点餐厅所有的操作程序与标准，都必须以客人的需要为依据。（ ）

8．零点服务就是要最大限度地满足客人的各种各样的需求，使餐厅能够获得稳定的客源。（ ）

9．西餐中的沙拉汁有千岛汁、法式汁、油醋汁和奶酪沙拉汁。（ ）

10．餐厅服务员进行西餐食品服务时应先给主宾，从客人的左侧上菜。（ ）

11．餐厅服务员为客人服务咖啡或茶时，应将糖盅、奶罐摆放在客人的餐台上。（ ）

12．宴会的特点是客人消费水准高，饭菜质量要求高，对企业的声誉及经济效益有着直接的影响。（ ）

13．通常中档宴会每桌占地面积为 10 ~ 12 m^2。（ ）

14．多桌宴会桌与桌之间的间隔距离为 1.5 m 左右。（ ）

15．宴会厅主要通道宜宽敞些，一般可视宴会的场地情况设在 1.5 ~ 2 m 之间。（ ）

16．意大利宴会厅的建筑风格为文艺复兴和巴洛克风格。（ ）

17．金银器作为餐碟垫碟时，骨质瓷器半径应小于金银器 0.5 cm。（ ）

18．宴会开始前，餐厅服务员要做到：知人数、知台数、知宴会标准、知开餐时间、知菜肴品种和出菜顺序、知主办单位、知邀请对象、知收费办法。（ ）

19．宴会开始前，餐厅服务员应做到：了解宾客的风俗习惯、了解宾客的生活忌讳、了解宾客的特殊要求。（ ）

20．宴会厅需要悬挂国旗时，按国际惯例，主办国国旗在左，客方在右。（ ）

21．中餐宴会是饭店、宾馆餐饮部门经济收入的主要来源之一。（ ）

22．中餐宴会应在具有中式建筑风格的宴会厅堂内举行。（ ）

23．餐台上铺设台布，可以保持清洁，使客人赏心悦目，整个进餐环境的气氛也因此显得典雅和高贵。（ ）

24．西餐摆台主刀应放在展示盘右侧，与餐台边垂直，刀柄向下，与餐台边距离 2 cm，刀刃向左，与展示盘相距 1 cm。（ ）

25．西餐摆台主叉应放于展示盘左侧，距餐台 2 cm，与展示盘相距 1 cm。（ ）

26．西餐摆台时红酒杯应摆在水杯的右下方，杯底中心与水杯中心的连线和餐台边成15°。（ ）

27．准备有多种不同规模的厅堂为不同的客人服务，是解决好“围”与“透”的关键。（ ）

28．大型宴请活动时人数多，要有热烈的气氛，大家欢聚一堂要强调一个“围”的感觉。（ ）

29．东方人认为紫色给人以雍容华贵的美感。（ ）

30．在宴会厅堂，光线一般以冷色为佳，它可以引起人们的食欲。（ ）

31．不同格调的宴会厅应配有与之相适应的灯光色彩，用白炽灯比用日光灯好。（ ）

32．松柏类的芳香气味对人体的肠胃有刺激作用，可诱发食欲。（ ）

33．插花艺术不但在中国被广为应用，而且在世界范围内也早已成为迎宾的一种代言方式。（ ）

34．餐饮服务通过插花艺术使花卉中的精华之美再现，从而进一步美化环境，烘托宴会气氛。（ ）

35．插花在餐饮服务中，体现着餐厅服务的级别与接待的档次。（ ）

36．荷花被视为清净高洁的佳品，带有天生的傲气。（ ）

37．龟背竹是长寿的象征，具有万年之久的含义。（ ）

38．西洋式插花取材讲究，花种多而茂盛。（ ）

39．剪切花草时，应以斜角35°为准。（ ）

40．不同国家的西餐宴会厅的装饰布置大致相同。（ ）

41．意式宴会厅堂内的观赏品多以壁画和雕刻艺术品为主。（ ）

42．西餐宴会在厅堂的布置上始终保留着传统的做法。（ ）

43．宴会开始时点燃蜡烛，烛光可以增强宴会厅的光亮度，起着一定的照明作用。（ ）

44．餐台的装饰，往往反映着宴会的档次。（ ）

45．宴会前准备工作的好坏，直接关系到宴会服务质量的高低，是服务工作能否顺利完成的关键。（ ）

46．自助餐餐台的设计一定要线条美观、流畅，既要便于客人取食物，又要具有艺术性。（ ）

47．自助餐宴会与坐式宴会不同，不用考虑宴会厅的整体布局。（ ）

48．鸡尾酒会的布局应有较大的活动空间，以适应客人走动和交谈的需要。（ ）

49．设计西餐厅布局之前，首先应确立餐厅的经营性质，高档商务餐厅必须让客人感受到明快的气氛。（ ）

50．使用金银餐具时，应配有水晶酒具。（ ）

51．中档中餐宴会服务一般1名看台服务员应为20位左右客人提供餐台的就餐服务。（ ）

52．中档中餐宴会，1名迎宾服务员要为15~30位客人提供引位、迎送服务。（ ）

53．高档中餐宴会，1名传菜服务员要为10位客人提供传菜服务。（ ）

54．西餐宴会服务中，每个餐厅服务员的平均工作量是每人负责5位左右客人的服务。（ ）

55．鉴别酒水质量通常有两种方法，即：仪器鉴别法和感官鉴别法。（ ）

56．世界著名的六大蒸馏酒是：中国白酒、白兰地酒、威士忌酒、朗姆酒、伏特加酒、金酒。（ ）

57．泸州老窖特曲酒的乙醇含量有38°和60°两种。（ ）

58．汾酒属清香型酒，乙醇含量为60°。（ ）

59．汾酒酒液清澈透明，清香馥郁，入口绵柔甘洌、香甜醇厚。（ ）

60．双沟大曲产于江苏省泗洪县双沟镇酒厂，创始于明朝万历年间，乙醇含量为60°。（ ）

61．古井贡酒产于我国安徽省亳县古井贡酒厂，属浓香型，乙醇含量在58°～60°之间。（ ）

62．烟台红葡萄酒属甜型玫瑰红葡萄酒，含糖量为17%。（ ）

63．中国红葡萄酒，属甜型玫瑰红葡萄酒，乙醇含量为17°。（ ）

64．绍兴加饭酒酒色深黄微红，酒液明亮，酒香浓郁芬芳，口味鲜香醇厚。（ ）

65．外国葡萄酒的商标上标有“名称监制”印记的均是法国酒。（ ）

66．静酒不含二氧化碳，因而称为静止葡萄酒或平静葡萄酒。（ ）

67．波尔多地区位于法国西南部，是全球最佳的著名葡萄产区。（ ）

68．美国75%～85%的葡萄酒产自加利福尼亚州，纽约州是美国第二大葡萄酒生产地。（ ）

69．意大利的葡萄酒80%是新酒，20%为高级佳酿。（ ）

70．鸡尾酒是一种量少而冰镇的酒，它以朗姆酒、威士忌，以及其他烈性酒或葡萄酒为基酒兑制而成。（ ）

71．短酒也称为短饮或烈性酒，其特点与长饮相同。（ ）

72．菜系是中国菜肴不同风味流派的代称。（ ）

73．地方风味主要包括城市风味及传统风味。（ ）

74．民族风味主要包括以少数民族饮食文化及其习俗为特色的菜品风味。（ ）

75．山东菜主要由内陆的济南菜和沿海的胶东菜所构成。（ ）

76．四川菜主要由成都菜、重庆菜、自贡菜和佛斋菜组成。（ ）

77．淮扬菜以扬州为中心，口味以肥厚鲜嫩为主，南北皆宜。（ ）

78．粤菜由广州菜、潮州菜、东江菜组成，并以广州菜为代表。（ ）

79．北京菜花色繁多，调味精美，菜肴讲究酥、脆、鲜、嫩。（ ）

80．福建菜鲜香清淡、四季分明、色彩典雅。（ ）

81．河南菜的代表名菜有：三鲜铁碗烤蛋、兰花竹蒜菜。（ ）

82．湖南代表名菜有香辣子鸡、焦熘肥肠等。（ ）

83．陕西菜也称秦菜，它由关中菜、陕北菜和汉中菜组成。（ ）

84．清真菜又称回族菜，指信奉伊斯兰教民族肴馔的总称。（ ）

85．功夫红茶是我国特有的传统品种，以做工精细而闻名。（ ）

86．花茶的品名常依产地而定，同时常在茶名前冠以产地名。（ ）

87．乌龙茶近似于红茶，属发酵茶类。（ ）

88．白茶茶叶形状卷曲，白毫丛生，汤液鲜黄，清香甘凉。（ ）

89．茶叶的泡水方法大致有泡、沏、煮三种。（ ）

90．泡高档的细嫩茶叶，须用100℃的沸水冲泡。（ ）

91．日本人偏爱饮乌龙茶及铁观音。（ ）

92．所谓平衡膳食就是指膳食中营养素的种类齐全且比例合适的膳食。（ ）

93．平衡膳食是营养配餐的关键。（ ）

94．高杯又叫海波杯。其容量一般为227～284 mL，用于盛特定的鸡尾酒或混合饮料。（ ）

95．古典杯又称岩石杯。威士忌加冰块、净饮威士忌等酒时用此杯。（ ）

96．香槟杯常用于庆典场合，也可用来盛装鸡尾酒，它的容量为85～170 mL。（ ）

97．西餐中用的白葡萄酒杯容量为227 mL，红葡萄杯容量为170 mL。（ ）

98．搞好餐饮企业用工管理工作，可以最大限度地发挥每一位餐饮企业员工和餐厅服务员的作用，不仅仅可以提高员工的积极性，更可以减轻管理人员的负担，节省人力开支，降低餐饮成本。（ ）

99．餐饮业衡量劳动生产率指标主要有两个，一是劳动生产力；二是劳动人工费。（ ）

100．劳动生产力是衡量餐饮企业中平均每位员工所创造的毛利额指标。（ ）

101．烹饪是饮食产品的制作阶段，服务是中心环节，销售是饮食产品的最终目的。（ ）

102．后台厨房制作的菜肴，只有通过前台餐厅服务员的销售才能为客人消费，转化为效益，所以说前台服务也决定生产。（ ）

103．一般来说，客人数和菜品供应份数越多，平均每位餐厅服务员的工作也就越多。（ ）

104．劳动定额是指各工种的员工在一定服务时间内提供的服务或应生产的产品数量。（ ）

105．引导消费是指在提高客人对餐厅的满意程度、赢得客人的基础上，迫使客人多消费，增加餐厅的营业收入。（ ）

106．餐饮企业是向客人提供有形产品并直接为客人服务的，餐饮企业内部的前台和后台完全是由于工作需要而形成的分工。（ ）

107．餐厅服务员的优质服务完全能起到消除客人与厨房工作的矛盾和冲突的作用。（ ）

108．当客人不满，餐厅服务员士气低落、高消耗、低效率，卫生达不到要求时，就意味着需要培训。（ ）

109．培训过程的基本环节是不断地进行辅导，巩固培训中学到的内容。（ ）

110．情景表演法也称模拟操作法，其优点是有助于现场评估。（ ）

111．实物示教也称情景表演法，适合于讲解具体服务项目的操作。（ ）

（二）**单项选择题**　下列每题有4个选项，其中只有1个选项是正确的，请将正确答案的代号填在横线空白处。

1．对于寻求知识的宾客，餐厅服务员在服务时应突出______二字的服务。

A．艺术　B．烹饪　C．文化　D．享受

2．餐厅服务员在服务中运用语言的情感因素可以提高企业______。

A．名誉　B．利益　C．效益　D．信誉

3．通常，西餐服务中的面包、黄油在客人订食品单______提供。

A．以前　B．以后　C．当中　D．同时

4．高档宴会每桌占地面积应为______。

A．$10\sim12\ m^2$　B．$12\sim15\ m^2$　C．$15\sim17\ m^2$　D．$17\sim19\ m^2$

5．西餐用餐餐具的配用均以______而定。

A．客人数量　B．用餐标准　C．菜单内容　D．饮食习惯

6．西餐摆台中，头盘叉位于鱼叉左侧，距鱼叉______。

A．0.5 cm　B．1 cm　C．1.5 cm　D．2 cm

7．西餐摆台中，水杯摆在主刀上方，杯底距主刀尖______。

A．0.5 cm　B．1 cm　C．1.5 cm　D．2 cm

8．宴会不仅是一种高级消费方式，也是体现餐厅______的重要形式之一。

A．菜肴水平　B．环境水平　C．服务水平　D．管理水平

9．宴会厅堂中的各种装饰与设备都是为______。

A．提高宴会气氛　B．烘托进餐情趣　C．客人服务的　D．提高知名度

10．法式建筑具有代表性的在路易______时期。

A．十二至十四　B．十四至十六　C．十六至十八　D．十八至二十

11．掌握不同花卉品种的特征与个性，是形成插花______的关键。

A．造型与色彩　B．体积与形状　C．档次与规格　D．艺术与风格

12．葵花是有朝气的象征，代表着______。

A．满园春色　B．大地盎然　C．生机勃勃　D．金银富贵

13．玫瑰在很多国家或民族中被视为______象征。

A．爱的　B．喜的　C．美的　D．衷的

14．西洋式插花艺术一般以______各国为代表。

A．亚洲　B．非洲　C．欧美　D．大洋洲

15．作为衬草用的草枝，长度应在______之间。

A．15 ~ 20 cm　B．20 ~ 25 cm　C．25 ~ 30 cm　D．30 ~ 35 cm

16．宴会是______的一种重要方式，也是一种重要交际形式。

A．餐厅服务　B．商品销售　C．饮食产品销售　D．公共关系

17．法式西餐宴会厅内喜欢使用大型水晶玻璃吊灯，它能产生一种闪烁的光，给人以______。

A．豪华之感　B．晶莹之感　C．辉煌之感　D．明亮之感

18．金银器作为餐碟垫碟使用时，骨质瓷半径应小于金银器半径______。

A．0.3 cm　B．0.5 cm　C．0.7 cm　D．0.9 cm

19．通常一个自助餐台的食品可招待______位客人。

A．60　B．70　C．80　D．90

20．自助餐台的设计要注意层次感，装饰物摆放要高低错落有致，以便______。

A．取用　B．减少浪费　C．节约场地　D．美观造型

21. 夏季宴会厅使用空调应将温度调到______为佳。

A. 24℃　B. 25℃　C. 26℃　D. 27℃

22. 设计西餐厅布局之前，首先应确立餐厅的经营性质，如快餐厅则需要保持______的气氛。

A. 享受　B. 热烈　C. 明快　D. 温馨

23. 中国茅台酒是世界______名酒之一。

A. 两大　B. 三大　C. 四大　D. 六大

24. 中国茅台酒的香气成分多达______。

A. 90 多种　B. 100 多种　C. 110 多种　D. 120 多种

25. 五粮液酒属______酒，其乙醇含量有 38° 和 58° 两种。

A. 酱香型　B. 浓香型　C. 窑香型　D. 清香型

26. 泸州老窖特曲，以糯米、高粱为主要原料，用______制曲。

A. 大豆　B. 大麦　C. 大米　D. 小麦

27. 西凤酒乙醇含量为 60°，属清香型酒，已有______多年历史。

A. 2 100　B. 2 300　C. 2 500　D. 2 700

28. 孔府家酒于______年在比利时布鲁塞尔获金奖。

A. 1984　B. 1986　C. 1988　D. 1990

29. 沙城白葡萄酒，产于河北省怀来县沙城酒厂，乙醇含量为______。

A. 15°　B. 16°　C. 17°　D. 18°

30. 北京特制啤酒，乙醇含量为 3.5°，酒液为______色。

A. 淡黄　B. 浅黄　C. 棕黄　D. 金黄

31. 绍兴加饭酒，乙醇含量为______，含糖量为 29% 左右。

A. 16°~17°　B. 17°~18°　C. 18°~19°　D. 19°~20°

32. 山东黄酒，乙醇含量为 11.5°，含糖量为______左右。

A. 5%　B. 10%　C. 15%　D. 20%

33. 香槟酒或起泡葡萄酒，酒中的二氧化碳是以葡萄酒加______而产生的。

A. 糖发酵　B. 醇发酵　C. 氧发酵　D. 垫发酵

34. 鸡尾酒是一类特殊的混合酒，它是由一种或一种以上基酒配制而成的______酒品。

A. 特味　B. 甜味　C. 艺术　D. 特殊

35. 四川菜其风味清、鲜、醇、浓并重，并以善用______著称。

A. 麻辣　B. 香辣　C. 鲜辣　D. 甜辣

36. 粤菜用料广博奇异，选料精细，______甚多。

A. 海味肴馔　B. 山珍肴馔　C. 野味肴馔　D. 菌类肴馔

37. 北京的代表名菜除了蟹黄狮头、炒芙蓉鸡片、挂炉烤鸭外，还有______。

A. 松仁鱼米　B. 三元牛头　C. 荷包鱼翅　D. 酱爆鸡丁

38. 福建菜清鲜、淡爽，偏于甜酸，厦门菜讲究调料，善用______。

A. 甜辣　B. 香辣　C. 酸辣　D. 咸辣

39. 山西的代表名菜有香酥鸭、奶油扒龙须及______等。

A. 金台钱蘑　B. 金针蘑　C. 金钱猴头蘑　D. 金钱扒鲜蘑

40．茉莉花茶主要产于福建、江苏及______三地。

A．浙江　B．湘江　C．汉江　D．长江

41．冲泡乌龙茶、滑洱茶、铁观音等特种茶时，需要______的开水冲泡。

A．85℃　B．90℃　C．95℃　D．100℃

42．美国人比较喜欢饮速溶茶，如绿茶、乌龙茶及______。

A．花茶　B．白茶　C．红茶　D．紧压茶

43．一般轻体力劳动者，每日摄入______，才能基本保证平衡膳食的数量和各种需求。

A．15 种食物共约 1 500 g　B．12 种食物共约 1 500 g

C．25 种食物共约 1 500 g　D．30 种食物共约 1 500 g

44．膳食中的热量来自______四大类食物。

A．粱谷、根茎、豆类、肉类　B．粱谷、薯类、豆类、动物性食物

C．粱谷、薯类、大豆、动物性食物　D．粱谷、奶类、大豆、肉类

45．在三大供热营养素合理的热量分配中，蛋白质占膳食总热量的______。

A．10%～12%　B．10%～13%　C．10%～14%　D．10%～15%

46．膳食中，脂类的配比应该是：饱和脂肪酸比不饱和脂肪酸为______。

A．1∶2　B．2∶1　C．1∶3　D．2∶3

47．柯林杯比高杯细且长，容量一般为______。

A．224～341 mL　B．244～341 mL　C．264～341 mL　D．284～341 mL

48．白兰地杯容量为 227 mL 左右，饮用白兰地时一般只倒______左右。

A．22 mL　B．24 mL　C．26 mL　D．28 mL

49．虽然各餐饮企业所采用的______各异，但最终目标都是多吸引宾客，多增加本企业的经济效益。

A．销售方式　B．竞争方式　C．买卖方式　D．管理方式

50．如果企业能精简人员或者雇用______，劳动分配率就会降低，劳动分配率越低，则劳动生产率越高。

A．高薪职工　B．低薪职工　C．义务工　D．临时工

51．提高劳动生产率的首要因素是要培养员工树立正确的经营观念，积极开拓市场，节约开支，提高餐饮企业的______。

A．纯利　B．毛利　C．营业额　D．销售额

52．餐厅服务员有为消费者提供服务、为本企业获得应有的______的任务。

A．经济和社会效益　B．经济效益　C．社会效益　D．生产效益

53．良好的餐厅服务和优质的______都是客人所需要的，所以它们应该互为补充、相辅相成。

A．餐厅气氛　B．卫生状况　C．美味佳肴　D．菜肴价格

54．制定的培训目标要具体，______，能实现，并符合实际需求。

A．可比较　B．可衡量　C．可对照　D．可参考

55．饮食是人类的第一需求，只有吃饱、吃好、吃的有营养，符合人体需要，才能保证人的身体健康和人的______。

A．生活质量　B．生命质量　C．生活品质　D．生命品质

56．非计划性的饮食消费，对消费者来说不是生活必需的。从心理上讲是请客和品味兼而有之，比较______。

A．讲究排场　B．讲究气氛　C．讲究味道　D．讲究卫生

57．我国从建国初期开始陆续制定并颁布了数十种有关饮食卫生、食品加工、饮食环境等方面的法规、条例，并于______起颁布并实行了《食品卫生法》。

A．1985年7月1日　B．1986年7月1日

C．1987年7月1日　D．1988年7月1日

58．餐厅用餐的客人不论时间是否充裕，都希望餐厅的服务工作快捷，并且是______。

A．快速的　B．敏捷的　C．高效率的　D．卫生的

59．餐厅服务员在服务中能否得到客人的赞许或认可，在很大程度上取决于是否懂得如何去保护、满足客人的______要求。

A．自信心　B．自尊心　C．自制力　D．自主性

60．一般有生理缺陷的客人，自尊心比正常人______，餐厅服务员要给予特别关照，但不能过分。

A．稍弱　B．更弱　C．更强　D．一样

61．在职餐厅服务员的专业素质是一种______，应放在非常重要的位置。

A．专业技术的教育　B．职业技能的教育

C．思想道德的教育　D．业务知识的教育

62．制定“______”时，要列出问题，并分析产生问题的原因，然后确定需要培训的项目。

A．培训计划分析　B．培训需求分析

C．培训要求分析　D．培训内容分析

63．采用______的方法可以在短时间内将特定的知识信息传递给群体学员，它适合传授某单一课程。

A．讨论教学　B．表演教学　C．课堂教学　D．操作教学

64．采用______培训，要求训导师要有良好的应变、临场发挥和控制能力。

A．讨论法　B．讲授法　C．表演法　D．示教法

65．一名餐厅服务员在上岗之初应进行不少于______的培训。

A．1天　B．3天　C．5天　D．7天

66．餐厅服务员要______厨师的辛勤工作，这对协调餐厅工作是很重要的。

A．帮助　B．尊重　C．协助　D．看重

（三）**多项选择题**　下列每题有4个选项，其中至少有2个选项是正确的，请将正确答案的代号填在横线空白处。

1．餐厅服务中语言服务要注意______。

A．真诚质朴　B．含蓄大方　C．直言明快　D．字斟句酌

2．牛排的成熟度有______。

A．全熟　B．半熟　C．八成熟　D．三成熟

3．运用语言艺术展示文明窗口，其服务用语要______。

A．真实友善　B．不欺不诈　C．不粗不俗　D．语言规范

4．宴会厅堂布置的原则是______，提供给客人一个舒适愉快的就餐环境。

A．庄重　B．整齐　C．清洁　D．美观大方

5．宴会的餐厅布置除了搞好餐桌的设计与摆放及花卉绿化的布置外，还应处理好______。

A．“围”与“透”的关系　B．“突出”与“陪衬”的关系

C．家具与观赏的关系　D．光线、色彩与客人喜好的关系

6．快餐厅顾客就餐座椅原则上应以______为主，且应坚固。

A．简洁　B．舒适　C．漂亮　D．小巧

7．通过插花艺术，表达出人们的情思和心态，从而实现______，达到神形兼备的境界。

A．以花传情　B．以花传言　C．以形传神　D．以形传思

8．桂花有金、银桂之分，它象征着______。

A．金银富贵　B．财源恒通　C．官运亨通　D．文思长进

9．在制作插花造型时，应注意鲜花与饰物的______。

A．协调性　B．间隔性　C．欣赏性　D．艺术性

10．东方自然无规则式构图，可以表现出作品的______。

A．千姿百态　B．清新自然　C．秀丽多姿　D．百花齐放

11．延长插花花期的方法有______。

A．蜡封法　B．烫封法　C．添加剂法　D．花泥插花法

12．宴会前的检查工作主要包括对台面餐、饮用具的检查及______。

A．卫生检查　B．食品检查　C．安全检查　D．各种设备检查

13．仪器鉴别酒质具有一定的______。

A．科学性　B．准确性　C．权威性　D．实际性

14．采用感观鉴别的方法对酒品质量进行鉴别时，餐厅服务员要通过______，迅速对酒质进行优劣判断。

A．看酒色　B．嗅酒味　C．品酒体　C．看酒态

15．五粮液酒以______、小麦及玉米等为酿酒原料制成。

A．红高粱　B．糯米　C．大豆　D．大米

16．洋河大曲产于江苏省泗阳县洋河酒厂，其乙醇含量有______。

A．55°　B．58°　C．60°　D．64°

17．波尔多地区分为五大著名葡萄酒产区，如梅多克、波默洛尔和______。

A．索泰尔讷　B．波士顿　C．格拉沃松　D．圣埃米利永

18．意大利著名的葡萄酒产地主要有______。

A．皮埃蒙特　B．伦巴弟　C．威尼托　D．托斯卡纳

19．波尔多的著名葡萄酒品牌有波尔多红葡萄酒和______等。

A．梅多克　B．拉费特　C．依坤酒　D．梅鹿特

20．长酒又称长饮或消遣饮料，它以______等为基酒制成。

A．加饮酒　B．烈性酒　C．啤酒　D．利口酒

21．鸡尾酒的调制方法除摇和法以及调和法外，还有______。

A．兑和法　B．飘浮法　C．晃和法　D．搅和法

22．中国菜就其风味而言，可分为______

A．特殊风味　B．地方风味　C．民族风味　D．其他风味

23．山东菜的代表名菜有______。

A．汆芙蓉黄管脊髓　B．奶汤八宝鸡　C．荷花鱼翅　D．活元鱼

24．四川菜的代表名菜有______。

A．水煮牛肉　B．樟茶鸭子　C．菠饺鱼肚　D．家常海参

25．淮扬菜以扬州为中心，其代表名菜有______。

A．翠珠鱼花　B．干爆鹿筋　C．宫灯里脊　D．东坡肉

26．粤菜的代表名菜有______。

A．柠汁煎鸭脯　B．百花清汤肚　C．糖醋石斑鱼　D．金龙乳猪

27．上海菜的代表名菜有______。

A．鸡汁排翅　B．松仁鱼米　C．炒蟹黄油　D．扣三丝

28．福建的代表名菜有______。

A．荷包鱼翅　B．佛跳墙　C．白炒龙虾片　D．芙蓉海参

29．河南菜肴具有______的风味特色。

A．鲜香清淡　B．四季分明　C．色彩典雅　D．质味适中

30．湖南菜由______地方菜组成。

A．珠江一带　B．湘江流域　C．洞庭湖区　D．湘西山区

31．陕西菜的名菜代表有麻辣羊肝及______等。

A．鸡米海参　B．青衣仙子　C．宫保鸡丁　D．草堂八素

32．山西菜也称晋菜，它由______组成。

A．太原菜　B．运城菜　C．临汾菜　D．五台菜

33．红茶名品有______。

A．福红　B．滇红　C．闽红　D．祁门红

34．绿茶按制作工艺可分为炒青及______四大类。

A．烘青　B．晒青　C．薰青　D．蒸青

35．紧压茶的主要品种除青砖、黑砖外，还有______等。

A．香砖　B．伏砖　C．花砖　D．米砖

36．属于酸性食物的有______。

A．糟米、面粉　B．蛋黄　C．精白米、大麦　D．苹果、鸡肉

37．属于碱性食物的有______。

A．海带　B．萝卜　C．土豆　D．洋葱

38．在培训服务程序中，用模拟操作法比较适用，学员可以直接感受到______、斟酒等具体步骤的操作要领，较快地掌握服务标准。

A．问候　B．就座　C．点菜　D．上菜

39．最能体现营养互补的菜肴有______。

A．栗子白菜　B．豆腐烧鲫鱼　C．翡翠虾仁　D．木犀肉

40．鸡尾酒杯可以是各种形状的异形杯，但______。

A．不带任何花纹和色彩　B．不可用塑料杯

C．不可用高脚杯　D．一定是高脚杯，便于手握

41．餐饮企业和其他企业生产产品的过程不同，餐饮工作有______的特点。

A．间隙　B．劳动强度不均衡

C．接待工作差异　D．资金周转慢

42．影响餐饮企业人员定员定编的关键因素是______。

A．服务的类别　B．客流量　C．生产规模　D．加工技术的复杂程度

43．每日营业量的分析要以客人统计数据为依据，做好______的统计就能较精确地预测每日的营业量。

A．客人数　B．餐厅服务员数　C．领班人数　D．菜品服务数

44．各时间段的客人统计通常有______等方法。

A．领位员记录客人数　B．餐厅服务员记录客人数

C．订餐服务员订餐时记录客人数　D．收银员在客人结账时记录客人数

45．劳动定额通常以供餐的时数作时间单位，也有以小时或每班的工作时数作时间单位的，如______。

A．每餐服务数　B．每人服务数　C．每小时服务数　D．每天服务数

46．理智型的消费者，对餐饮企业的用餐环境、食品的______等都有所选择。

A．质量　B．规格　C．品种　D．价格

47．客人在品尝菜肴时，餐厅服务员应该不失时机地向客人介绍______等。

A．历史典故　B．历史经验　C．相关的历史典故　D．有特色的烹调方法

48．客人在进餐时餐厅方面仅提供雅静的环境还不够，还要满足宾客的______心理要求。

A．舒适　B．舒畅　C．安静　D．音乐

49．服务的舒适是指向消费者提供服务的餐厅服务员的态度应该______，尊重消费者。

A．礼貌　B．热情　C．周到　D．微笑

50．我国幅员辽阔，人口众多，各地区由于受______、经济等多方面因素的影响，在饮食口味上形成了各自不同的特点。

A．地理　B．气候　C．物产　D．人口

51．为了满足客人求知心理，餐厅服务员应熟练掌握菜单内各式菜肴的______，有历史典故的菜肴要了解清楚。

A．主料　B．配料　C．烹饪方法　D．食用方法

52．餐厅服务员的专业素质应包括行为规范、______、着装与发型等。

A．工作与服务态度　B．语言交流技能　C．服务英语　D．仪表仪态

53．培训需求分析可根据客人意见反馈表、市场营销调查、员工代表会议记录、______等方面的资料来预测。

A．经营利润报表　B．成本损耗报告　C．卫生检查记录　D．毛利率报表

54．对初、中级餐厅服务员的______等，可通过培训予以提高。

A．工作表现　B．思想道德　C．素质　D．服务质量

55．培训结束前的评估内容包括：______？课程内容有助于你的工作吗？课程中你最感兴趣和最不感兴趣的内容是什么？你对课程改进的意见是什么？

A．课程达到预期的目标吗　B．课程内容充实吗

C．课程内容明白吗　D．教授方法满意吗

三、技能试题

第一题　中餐宴会花台插花

1．内容及操作要求

独立完成直径 1.8 m、10 人宴会的花台插花。要求：①做好插花前的准备工作；②选好花草及插花所需物品；③操作符合规范。

2．准备工作

准备直径 1.8 m、10 人用圆台 1 张，台布 1 块，铺有台布的边台 1 张，剪刀 1 把，切刀 1 把，插花器 1 个，浸过水的花泥 1 块，喷壶 1 个，主花 15 枝，绿草适量。

3．考核时限

（1）基本时间　准备时间 5 min，正式操作时间 15 min。

（2）时间允差　每超过限定时间 1 min 从总分中扣 1 分，不足 1 min 按 1 min 计算，超过 15 min 此项不得分。

4．评分项目及标准（见表Ⅳ—2）

表Ⅳ—2

序号	评分要素	配分	评分标准	得分	备注
1	做好插花前的准备工作	10	①花草不达标扣 4 分； ②花泥不浸水扣 3 分； ③用具不全扣 3 分		
2	插花操作	80	①剪切花草手法不规范扣 5 分； ②剪切花枝角度不正确扣 10 分； ③花泥没有切割扣 5 分； ④花插中心不正扣 5 分； ⑤花插超高扣 5 分； ⑥花朵大小不匀扣 10 分； ⑦色彩不协调扣 10 分； ⑧露花泥、花器扣 5 分； ⑨不喷水扣 5 分； ⑩花插层次不清、不匀扣 5 分； ⑪插花整体应为圆形，造型不美观扣 15 分		
3	卫生	10	①操作台不整洁扣 5 分； ②操作不卫生扣 5 分		

第二题　西餐宴会花台插花

1．内容及操作要求

独立完成6人长台宴会花台插花。要求：①做好插花前的准备工作；②选好花草及插花所需物品；③操作符合规范。

2. 准备工作

准备6人长台1张，台布1块，铺有台布的边台1张，剪刀1把，切刀1把，插花器皿1个，浸过水的花泥1块，喷壶1个，主花15枝，绿草适量。

3. 考核时限

(1) 基本时间　准备时间5 min，正式操作时间15 min。

(2) 时间允差　每超过限定时间1 min从总分中扣1分，不足1 min按1 min计算，超过15 min此项不得分。

4. 评分项目及标准（见表Ⅳ—3）

表Ⅳ—3

序号	评分要素	配分	评分标准	得分	备注
1	做好插花前的准备工作	10	①花草不达标扣4分； ②花泥不浸水扣3分； ③用具不全扣3分		
2	插花操作	80	①剪切花草手法不规范扣5分； ②剪切花枝角度不正确扣10分； ③花泥不切割扣5分； ④花插中心不正扣5分； ⑤花插高度不符合要求扣5分； ⑥花朵大小不匀扣10分； ⑦色彩不协调扣10分； ⑧露花泥、花器扣5分； ⑨不喷水扣5分； ⑩花插层次不清扣5分； ⑪花插应呈椭圆形，整体造型不美观扣15分		
3	卫生	10	①操作台不整洁扣5分； ②操作中不卫生扣5分		

第三题　拟订1份10人用中餐宴会菜单

1. 内容及操作要求

独立完成10人用菜单的拟订。要求：①字迹工整、清楚；②菜肴内容搭配合理；③烹调方法多样；④符合营养配餐要求；⑤突出宴会主题。

2. 准备工作

自备计算器1个、钢笔或圆珠笔1支（黑或蓝），每位考生备有桌椅。

3. 考核时限

(1) 基本时间　开菜单15 min。

(2) 时间允差　每超1 min扣2分。

4. 评分项目及标准（见表Ⅳ—4）

表Ⅳ—4

序号	评分要素	配分	评分标准	得分	备注
1	字迹工整、清楚	5	字迹不清、格式不工整扣5分		
2	风味特点	15	菜单内容风味不突出扣15分		
3	开单格式	15	填写菜单格式不规范扣15分		
4	饮食禁忌	20	①没尊重客人的饮食习惯与禁忌扣10分； ②与客人的消费档次不符扣10分		
5	菜单内容搭配合理	25	①菜肴原料搭配不合理扣10分； ②烹调方法搭配不合理扣10分； ③色泽搭配不合理扣5分		
6	开菜单的意图	10	菜单内容的设计与宴会主题不符扣10分		
7	菜肴毛利率	10	菜单价格不符合规定的毛利率扣10分		

四、模拟试卷

知识考核模拟试卷

（一）**判断题**　下列判断正确的请打“√”，错误的请打“×”（每题1分、共30分）。

1．道德与法律不同，它依据社会舆论、传统文化和生活习惯来判断一个人的品质。（　）

2．有些大家公认的不道德言行或者有悖于传统习惯和公众舆论的坏事，可以用法律、法规来解决。（　）

3．在社会主义社会里，为人民服务的人生观、做贡献的价值观是衡量一个人有无道德的重要标准。（　）

4．食物中某些污染物能引起生物体细胞的遗传信息和遗传物质发生突然改变，这种现象称为急性危害。（　）

5．化学消毒剂杀菌效果可靠，性质稳定，且价格低，但对人体危害较大。（　）

6．对一般假冒伪劣食品的鉴别，可通过感官检查、实验室检查，以及特殊方法来鉴别。（　）

7．食品生产经营者有权要求卫生部门对其索取的技术资料予以保密。（　）

8．讲究礼节礼貌，对一个人来说，是衡量其修养程度、道德标准的砝码。（　）

9．真诚的微笑是优质服务的重要表现，它可以提高企业信誉，从而提高企业的经济效益和社会效益。（　）

10．上海人不仅喜欢吃西餐，而且在家中也能制作简单的西菜，如咖喱鸡、拌沙拉、热狗、番茄鸡等。（　）

11．酸辣红肉、泡菜炒酸辣鸡丁是陕南人喜欢的菜肴。（　）

12．江苏人一般喜吃肉食、鱼、虾、野味，嗜肥浓腥膻，重油偏咸。（　）

13．台湾省分为三个食风区，即河洛食风区、客家食风区和高山食风区。（　）

14．白族副食品中常见的有酸菜、砣砣肉、白豆腐、油炸洋芋片和醋白菜。（　）

15．马来西亚人喜欢吃糕和椰浆菜肴。（　）

16．西式餐厅的照明要求光色柔和，偏暗，造成一种宁静、舒适、温馨的气氛。（　）

17．对于寻求环境优雅的客人，餐厅服务员要突出“文化”二字的服务。（　）

18．为客人送咖啡或茶时，应将糖盅、奶罐放在客人的餐台上。（　）

19．意大利宴会厅的建筑为文艺复兴和巴洛克风格。（　）

20．中餐宴会是饭店、宾馆餐饮部门经济收入的主要来源之一。（　）

21．举行大型宴请活动时，人数多，要有热烈的气氛，大家欢聚一堂要强调一个“围”的感觉。（　）

22．插花艺术不但在中国被广为应用，而且在世界范围内也早已成为迎宾的一种代言方式。（　）

23．设计西餐厅布局之前，首先应确定餐厅的经营性质，高档商务餐厅必须让客人感受到明快的气氛。（　）

24．中档中餐宴会，1 名迎宾服务员要为 15 ~ 30 位客人提供引位迎送服务。（　）

25．世界著名的六大蒸馏酒有中国白酒、白兰地酒、威士忌酒、朗姆酒、伏特加酒、金酒。（　）

26．菜系是中国菜肴不同风味流派的代称。（　）

27．花茶的品名常依产地而定，同时常在茶名前冠以产地名。（　）

28．所谓平衡膳食就是指膳食中营养素的种类齐全且比例合适的膳食。（　）

29．餐饮业衡量劳动生产率指标主要有两个，一是劳动生产力；二是劳动人工费。（　）

30．制定培训计划的第一步是做具体的分析工作，分析培训任务、创造培训需要的条件、完成培训的步骤和完成每一步骤的培训方案。（　）

（二）**单项选择题**　下列每题有 4 个选项，其中只有 1 个选项是正确的，请将正确答案的代号填在横线空白处（每题 1 分，共 40 分）。

1．只有加强社会主义职业道德建设，才能更好地促进社会主义______正常发展。

A．人际关系　B．法律建设　C．市场经济　D．治安建设

2．企业______已成为竞争的重要内容，自毁企业形象，无疑将失去顾客。

A．员工和素质　B．产品和售价　C．管理和技术　D．形象和信誉

3．______的人在处理利益关系时，会表现出先公后私和大公无私。

A．思想高尚　B．道德高尚　C．品德高尚　D．信仰高尚

4．夏季肉制品出锅后______小时内若不食用，必须回锅加热。

A．14　B．18　C．24　D．12

5．造成食物中毒事故或其他食源性疾患的，或者因其他违法行为给他人造成损害的，应依法承担______责任。

A．刑事责任　B．民事责任　C．行政责任　D．经济责任

6．在市场经济条件下，市场竞争日益激烈，企业间的竞争实质上是______的竞争。

A．服务质量　B．服务意识　C．服务技能　D．服务水平

7．制作广东菜肴有蒸、炸、烤、煎等______多种烹调方法。

A．10　B．15　C．20　D．30

8．______是泰国人餐桌上不可缺少的食品。

A．辣椒酱　B．酱油　C．腐乳　D．咸菜

9．餐厅服务员在服务中运用语言的情感因素可以提高企业______。

A．名誉　B．利益　C．效益　D．信誉

10．高档宴会，每桌占地面积应为______。

A．10 ~ 12 m^2　B．12 ~ 15 m^2　C．15 ~ 17 m^2　D．17 ~ 19 m^2

11．宴会厅堂中的各种装饰与设备都是为______。

A．提高饮宴气氛　B．烘托用餐情趣　C．客人服务的　D．提高知名度

12．掌握不同花卉品种的特征是做好插花______的关键。

A．造型与色彩　　B．体积与形状　　C．档次与规格　　D．艺术与风格

13．宴会是______的一种重要方式，也是一种重要交际形式。

A．餐厅服务　　B．商品销售　　C．饮食产品销售　　D．公共关系

14．香槟酒或起泡葡萄酒中的二氧化碳是以葡萄酒加______而产生的。

A．糖发酵　　B．醇发酵　　C．氧发酵　　D．热发酵

15．鸡尾酒是一类特殊的混合酒，它是由一种或一种以上基酒配制而成的______酒品。

A．特殊　　B．甜味　　C．艺术　　D．特味

16．膳食中的热量来自______等四大类食物。

A．粱谷、根茎、豆类、肉类　　B．粱谷、薯类、豆类、动物性食物

C．粱谷、薯类、大豆、动物性食物　　D．粱谷、奶类、大豆、肉类

17．膳食中，脂类的配比应该是：饱和脂肪酸比不饱和脂肪酸为______。

A．1:2　　B．2:1　　C．1:3　　D．2:3

18．饮食是人类的第一需求，只有吃饱、吃好、吃的有营养，符合人体需要，才能保证人的身体健康和人的______。

A．生活质量　　B．生命质量　　C．生活品质　　D．生命品质

19．西餐摆台中，头盘叉位于鱼叉左侧，距鱼叉______。

A．0.5 cm　　B．1 cm　　C．1.5 cm　　D．2 cm

20．宴会不仅是一种高级消费方式，也是体现餐厅______的重要形式之一。

A．菜肴水平　　B．环境水平　　C．服务水平　　D．管理水平

21．法式建筑具有代表性的在路易______时期。

A．十二至十四　　B．十四至十六　　C．十六至十八　　D．十八至二十

22．作为衬草用的草枝，长度应在______之间。

A．15～20 cm　　B．20～25 cm　　C．25～30 cm　　D．30～35 cm

23．法式西餐宴会厅内喜欢使用大型水晶玻璃吊灯，它能产生一种闪烁的光泽，给人以______。

A．豪华之感　　B．晶莹之感　　C．辉煌之感　　D．明亮之感

24．自助餐的餐台设计要注意层次感，装饰物摆放要高低错落有致，以便______。

A．取用　　B．减少浪费　　C．节约场地　　D．美观造型

25．中国茅台酒中的香气成分多达______。

A．90多种　　B．100多种　　C．110多种　　D．120多种

26．西凤酒乙醇含量为60°，属清香型酒，已有______历史。

A．2 100多年　　B．2 300多年　　C．2 500多年　　D．2 700多年

27．沙城白葡萄酒产于河北省怀来县沙城酒厂，乙醇含量为______。

A．15°　　B．16°　　C．17°　　D．18°

28．绍兴加饭酒乙醇含量为17°～18°，含糖量为______左右。

A．26%　　B．27%　　C．28%　　D．29%

29．粤菜用料广博奇异，选料精细，______甚多。

A．海味肴馔　　B．山珍肴馔　　C．野味肴馔　　D．菌类肴馔

30．北京的代表名菜除了蟹黄狮子头、炒芙蓉鸡片、挂炉烤鸭外，还有______。

A．松仁鱼米　　B．三元牛头　　C．荷包鱼翅　　D．酱爆鸡丁

31．茉莉花茶主要产于福建、江苏及______三地。

A．浙江　B．湘江　C．汉江　D．长江

32．美国人比较喜欢饮速溶茶，如绿茶、乌龙茶及______。

A．花茶　B．白茶　C．红茶　D．紧压茶

33．白兰地杯的容量为 227 mL 左右，饮用白兰地时一般只倒______左右。

A．22 mL　B．24 mL　C．26 mL　D．28 mL

34．如果企业能精简人员或者雇用______，劳动分配率就会降低，劳动分配率越低，则劳动生产率越高。

A．高薪职工　B．低薪职工　C．义务工　D．临时工

35．提高劳动生产率的首要因素是培养员工树立正确的经营观念，积极开拓市场，节约开支，提高餐厅的______。

A．纯利　B．毛利　C．营业额　D．销售额

36．良好的餐厅服务和优质的______都是客人需要的，所以它们应该互为补充，相辅相成。

A．餐厅气氛　B．卫生状况　C．美味佳肴　D．菜肴价格

37．非计划性的饮食消费，对消费者来说不是生活必需的。所以，从心理上讲是请客和品味兼而有之，因此，顾客一般比较______。

A．讲究排场　B．讲究气氛　C．讲究味道　D．讲究卫生

38．餐厅服务员在服务中能否得到客人的赞许或认可，很大程度上取决于是否懂得如何去保护、满足客人的______要求。

A．自信心　B．自尊心　C．自制力　D．自主性

39．对在职餐厅服务员的______应放在非常重要的位置。

A．专业技术的教育　B．职业技能的教育

C．思想道德的教育　D．业务知识的教育

40．______的方法可以在短时间内将特定的知识信息传递给群体学员，它适合于向群体学员传授某单一课程。

A．讨论教学　B．表演教学　C．课堂教学　D．示范教学

（三）**多项选择题**　下列每题有 4 个选项，其中至少有 2 个选项是正确的，请将正确答案的代号填在横线空白处（每题 1 分，共 30 分）。

1．热情待客、文明礼貌的本质要求是______和助人为乐。

A．平等待人　B．帮助他人　C．关心尊重人　D．平易近人

2．社会主义道德所反对的是一切损人利己、______等行为。

A．损公肥私　B．金钱至上　C．以权谋私　D．欺诈勒索

3．我国目前已颁布的与餐饮业有关的法律主要有______。

A．《经济合同法》　B．《产品质量法》

C．《动物保护法》　D．《环境保护法》

4．评价食品卫生的原则是______。

A．对人民健康负责　B．确保其无毒无害

C．符合国家《食品卫生法》　D．符合食品卫生标准

5．违法生产经营食品的法律责任有______。

A．行政法律责任　B．民事法律责任　C．经济法律责任　D．刑事法律责任

6．社会主义道德的主要内容包括______，努力提高职业技能，严格遵守职业纪律，提高工作质量，诚实可信。

A．自尊自爱　B．忠于职守　C．热爱本职　D．爱岗敬业

7．点心中______是香港人饮食首选的品种。

A．虾饺　B．叉烧包　C．石子馍　D．发糕

8．西方人认为______是新生命和兴旺发达的象征。

A．鸡蛋　B．兔子　C．狗　D．小鸟

9．餐厅服务员的礼节礼貌的基本素质主要表现在______及语言文明方面。

A．仪表端庄　B．仪容大方　C．行为规范　D．态度热情

10．牛排的成熟度有______。

A．全熟　B．半熟　C．八成熟　D．三成熟

11．餐厅服务员运用语言艺术展示文明窗口，服务用语要______。

A．真实友善　B．不欺不诈　C．不粗不俗　D．语言规范

12．宴会的餐厅布置除了要搞好餐桌的设计与摆放及花卉绿化的布置外，还应处理好______。

A．"围"与"透"的关系　B．"突出"与"陪衬"的关系

C．家具与观赏的关系　D．光线、色彩与客人喜好的关系

13．快餐厅中顾客就餐座椅原则上应以______为主，且应坚固。

A．简洁　B．舒适　C．漂亮　D．小巧

14．桂花有金、银桂之分，它象征着______。

A．金银富贵　B．财源恒通　C．官运亨通　D．文思长进

15．延长插花花期的方法有______。

A．蜡封法　B．烫封法　C．添加剂法　D．花泥插花法

16．仪器鉴别酒质具有一定的______。

A．科学性　B．准确性　C．权威性　D．实际性

17．五粮液酒以______、小麦及玉米等为酿酒原料制成。

A．红高粱　B．糯米　C．大豆　D．大米

18．波尔多地区分为五大著名葡萄酒产区，如梅多克、波默洛尔和______。

A．索泰尔讷　B．波士顿　C．格拉沃松　D．圣埃米利永

19．长酒又称长饮或消遣饮料，它以______等为基酒制成。

A．加饭酒　B．烈性酒　C．啤酒　D．利口酒

20．四川菜的代表名菜有______。

A．水煮牛肉　B．樟茶鸭子　C．菠饺鱼肚　D．家常海参

21．粤菜的代表名菜有______。

A．柠汁煎鸭脯　B．百花清汤肚　C．糖醋石斑鱼　D．金龙乳猪

22．湖南菜由______地方菜组成。

A．珠江一带　　B．湘江流域　　C．洞庭湖区　　D．湘西山区

23．紧压茶的主要品种除青砖、墨砖外还有______等。

A．香砖　　B．伏砖　　C．花砖　　D．米砖

24．属于酸性食物的有______。

A．糟米、面粉　　B．蛋黄　　C．精白米、大麦　　D．苹果、鸡肉

25．平衡膳食的总体设计首先应根据就餐人员的______确定每月（或每餐）的各种营养素的供给量标准。

A．饮食习惯、个人要求　　B．自己喜好、个体特性

C．年龄、性别　　D．劳动强度、生理状况

26．最能体现营养互补的菜肴有______。

A．栗子白菜　　B．豆腐烧鲫鱼　　C．翡翠虾仁　　D．木犀肉

27．鸡尾酒杯可以是各种形状的异形杯，但______。

A．不带任何花纹和色彩　　B．不可用塑料杯

C．不可用高脚杯　　D．一定是高脚杯，便于手握

28．影响餐饮企业人员定编的关键因素是______。

A．服务的类别　　B．客流量　　C．生产规模　　D．加工技术的复杂程度

29．劳动定额通常以供餐的时数作时间单位，也有以小时或每班的工作时数作时间单位，如______。

A．每餐服务数　　B．每人服务数　　C．每小时服务数　　D．每天服务数

30．服务的舒适性是指向消费者提供服务的餐厅服务员的态度应该______，尊重消费者。

A．礼貌　　B．热情　　C．周到　　D．微笑

五、参考答案

知识试题

（一）判断题

1.×	2.×	3.√	4.√	5.√	6.√	7.√	8.√	9.√	10.×
11.×	12.√	13.√	14.×	15.√	16.√	17.√	18.√	19.√	20.×
21.√	22.√	23.√	24.√	25.√	26.×	27.√	28.×	29.×	30.×
31.√	32.×	33.√	34.√	35.√	36.√	37.√	38.√	39.×	40.×
41.√	42.√	43.×	44.×	45.√	46.√	47.×	48.√	49.×	50.×
51.×	52.×	53.√	54.√	55.√	56.√	57.√	58.√	59.√	60.√
61.×	62.×	63.×	64.√	65.×	66.√	67.√	68.√	69.×	70.√
71.×	72.√	73.√	74.√	75.√	76.√	77.×	78.√	79.√	80.×
81.√	82.×	83.√	84.√	85.√	86.×	87.×	88.√	89.√	90.×
91.√	92.×	93.√	94.√	95.√	96.√	97.×	98.√	99.×	100.√
101.√	102.√	103.√	104.√	105.×	106.√	107.√	108.√	109.√	110.×
111.×									

（二）单项选择题

1.C	2.C	3.A	4.B	5.C	6.B	7.D	8.C	9.C	10.B
11.D	12.C	13.A	14.C	15.B	16.C	17.C	18.B	19.C	20.D
21.C	22.C	23.B	24.C	25.B	26.D	27.D	28.D	29.B	30.A
31.B	32.B	33.A	34.C	35.A	36.C	37.B	38.A	39.A	40.A
41.D	42.C	43.B	44.B	45.D	46.A	47.D	48.D	49.B	50.B
51.B	52.A	53.C	54.B	55.B	56.A	57.C	58.C	59.B	60.C
61.C	62.B	63.C	64.A	65.B	66.B				

（三）多项选择题

1.ACD	2.ABCD	3.ABCD	4.ABCD	5.ABCD	6.BD	7.AC	8.ACD
9.AD	10.BC	11.ABCD	12.ACD	13.AC	14.ABC	15.ABD	16.ACD
17.ACD	18.ABCD	19.ABCD	20.BCD	21.ABD	22.BCD	23.ABC	24.ABCD
25.ACD	26.ABD	27.ABCD	28.ABC	29.ABCD	30.BCD	31.ABD	32.ABCD
33.BCD	34.ABD	35.BCD	36.ABC	37.ABCD	38.ABCD	39.ABCD	40.ABD
41.ABCD	42.ABCD	43.AD	44.ACD	45.ACD	46.ABCD	47.CD	48.AB
49.ABCD	50.ABCD	51.ABCD	52.ABCD	53.ABC	54.ACD	55.ABD	

知识考核模拟试卷

（一）判断题

1.√	2.×	3.√	4.×	5.×	6.×	7.√	8.√	9.√	10.√
11.√	12.×	13.√	14.√	15.×	16.√	17.×	18.×	19.√	20.√
21.×	22.√	23.×	24.×	25.√	26.√	27.×	28.×	29.×	30.√

（二）单项选择题

1.C	2.D	3.B	4.C	5.B	6.A	7.D	8.A	9.C	10.B
11.C	12.D	13.C	14.A	15.C	16.B	17.A	18.B	19.B	20.C
21.B	22.B	23.C	24.D	25.C	26.D	27.B	28.D	29.C	30.B
31.A	32.C	33.D	34.A	35.B	36.C	37.A	38.B	39.C	40.C

（三）多项选择题

1.AC	2.ABCD	3.ABCD	4.ACD	5.ABD	6.BC	7.AB	8.AB
9.ABCD	10.ABCD	11.ABCD	12.ABCD	13.BD	14.ACD	15.ABCD	16.AC
17.ABD	18.ACD	19.BCD	20.ABCD	21.ABD	22.BCD	23.BCD	24.ABC
25.CD	26.ABCD	27.ABD	28.ABCD	29.ACD	30.ABCD		